Géographie, histoire et éducation à la citoyenneté

2ᵉ cycle

Sur la piste

Brigitte Bernier

Marie-France Davignon

Chantal Déry, coordonnatrice

Jacinthe Saint-Martin

Manuel

A

Révision scientifique

Alain Beaulieu, professeur au
département d'histoire, Université
du Québec à Montréal

Bernard Dansereau (Ph. D.), consultant
en histoire

Martin Fournier (Ph. D.), consultant en
histoire et mise en valeur du patrimoine ;
spécialités : Nouvelle-France et relations
avec les Amérindiens ; nouvelle économie
et développement global

Michèle Fréchet, professeure de
géographie au Collège de Montréal

Claude Gélinas (Ph. D.), consultant
en histoire

Pierre Trudel, professeur d'anthropologie
au Cégep du Vieux Montréal,
collaborateur à la revue *Recherches
amérindiennes*

ERPI

ÉDITIONS DU RENOUVEAU PÉDAGOGIQUE INC.

5757, RUE CYPIHOT
SAINT-LAURENT (QUÉBEC)
H4S 1R3

TÉLÉPHONE : (514) 334-2690
TÉLÉCOPIEUR : (514) 334-4720
COURRIEL : erpidlm@erpi.com

Éditrice
Marie Duclos

Chargées de projet
Maïe Fortin
Christiane Gauthier (*Boîte à outils*)

Réviseure linguistique
Nicole Larivée

Correctrice d'épreuves
Odile Dallaserra

Recherchiste (images et droits)
Pierre Richard Bernier

Illustrateurs
Bernard Duchesne
Jocelyne Bouchard (page 22)
Tandem (pages 119 à 135)

Cartographie
Carto-Média

Rédactrice
Marie-Louise Nadeau (dialogues, pages 61 à 82)

Conception graphique et édition électronique
E ᴿᴾⁱ

Couverture
E ᴿᴾⁱ
Illustrations : Virginia Pésémapéo Bordeleau
Bernard Duchesne

L'approbation de cet ouvrage par le ministère de l'Éducation du Québec n'implique aucune reconnaissance quant à la délimitation des frontières du Québec.

Dépôt légal : 2ᵉ trimestre 2002
Bibliothèque nationale du Québec
Bibliothèque nationale du Canada

IMPRIMÉ AU CANADA   1234567890 II 098765432
ISBN 2-7613-1219-8   2892 ABCD   JS12

Remerciements

Nous remercions les personnes suivantes, qui ont bien voulu lire et commenter les manuscrits de certains dossiers.

Mme Martine Bouchard, enseignante, école Montcalm, commission scolaire de Montréal

Mme Lyne Dauphinais, enseignante, école Montcalm, commission scolaire de Montréal

Mme Michelle Leduc, enseignante, école Les Saints-Anges, commission scolaire Marie-Victorin

Mme Nicole Milord, directrice, école Sainte-Claire, commission scolaire Marie-Victorin

Mme Chantal Paillé, enseignante, école Montcalm, commission scolaire de Montréal

Mme Michèle Roy McCaughey, enseignante, école Le Tournesol, commission scolaire Des Patriotes

Table des matières

Voici la signification de quelques pictogrammes utilisés dans ton manuel.

 La préparation : on te met sur la piste de la recherche à effectuer.

 La réalisation : tu effectues ta recherche.

L'intégration : tu présentes tes découvertes et tu fais le point.

 Ce pictogramme t'indique qu'il y a une capsule à consulter.

 Ce pictogramme t'indique la page où tu trouveras une démarche.

Les mots soulignés en bleu sont expliqués dans la section *Le vocabulaire géographique et historique de mon manuel*, à la page 136.

Voici la signification de l'avion de papier qui t'accompagne tout au long du dossier.

 L'avion qui décolle indique le départ de ton projet.

L'avion qui atterrit indique le point d'arrivée de ton projet.

 L'avion qui virevolte indique le moment de ta présentation.

 L'avion qui fait un cercle indique le moment de revenir sur ce que tu as appris.

 L'avion stable, en position verticale, indique le moment de faire le bilan, à la fin du projet.

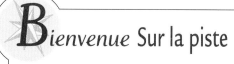

Bienvenue Sur la piste

Te voilà au début d'une nouvelle année scolaire. Tu vas bientôt entreprendre le grand voyage dans le passé que te propose *Sur la piste*.

Tu vas apprendre des choses sur les Amérindiens qui vivaient ici et ailleurs il y a très longtemps. Tu vas aussi découvrir la Nouvelle-France et ses habitants; qui sait, peut-être que certains sont tes ancêtres!

Avec *Sur la piste*, tu commences l'étude de l'histoire et de la géographie. C'est une façon de mieux comprendre le monde dans lequel tu vis. Tu seras capable d'expliquer pourquoi le maïs s'appelle aussi «blé d'Inde». Tu apprendras comment les colons de la Nouvelle-France, qui sont arrivés ici avec seulement quelques bagages, se sont organisés pour construire leurs maisons, puis fonder des villes.

En feuilletant Sur la piste

Tourne les pages de ton manuel : tu vois qu'il contient quatre dossiers. Regardes-en un de plus près. Dès le début du dossier, tu observes des images ou des cartes, ou tu lis un court texte ou une bande dessinée. Ensuite, à l'aide des questions qu'on te pose, tu formules des hypothèses sur ce que tu as observé.

La deuxième étape t'amène à faire une enquête pour vérifier tes hypothèses. Tu cherches alors les informations qui concernent ton sujet : c'est la recherche et la collecte de données.

Finalement, la troisième étape te permet de faire le point sur les découvertes que tu as faites pendant ton enquête. Tu peux les partager avec tes camarades, ta famille, ton enseignante ou ton enseignant.

Au cours du dossier, on renvoie parfois à une capsule ; elle figure à la fin du dossier. Tu y trouveras des informations précieuses pour mieux comprendre ton dossier.

À la fin de ton manuel, il y a trois sections qui te seront aussi très utiles. *Le vocabulaire géographique et historique de mon manuel* te donne la définition des mots les plus importants de ton manuel. Ces mots sont soulignés en bleu dans ton manuel. *Les personnages historiques de mon manuel* et *Les lieux historiques de mon manuel* présentent une liste de noms importants ainsi que le numéro des pages où on te donne de l'information sur le sujet.

Voilà, tu peux maintenant entreprendre ton voyage dans le passé. Nous te souhaitons d'avoir autant de plaisir à faire les projets que nous avons eu à les construire pour toi. C'est maintenant à toi de te mettre *Sur la piste…*

Brigitte, Marie-France, Chantal et Jacinthe

Les Iroquoiens d'autrefois

Une société vers 1500

Des

À Kahnawake de nos jours,
l'école iroquoienne
Kateri-Kawennanoron.

Une reconstitution actuelle
de maison longue.

L'inauguration en 2001 du Jardin
des Premières-Nations au Jardin botanique
de Montréal.

Iroquoiens

aujourd'hui

Un *Pow Wow* dans la région
de Kahnawake, en 1998.

Dans les musées

Une coiffe de la région
des Grands Lacs (vers 1750).

Une poterie iroquoienne
(vers 1100).

Des pointes de flèches iroquoiennes
en pierre (vers 900).

Wampum offert
par des Iroquoiens
à Champlain en
1611, en signe
d'alliance.

 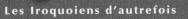

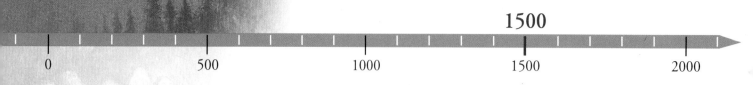

SUR LA PISTE

Sais-tu pourquoi on appelle parfois le maïs « blé d'Inde » ?

Consulte la capsule « 500 ans, qu'est-ce que ça représente ? » à la page 18.

C'est une vieille histoire. Ça remonte à l'arrivée des Européens en Amérique, il y a plus de 500 ans.

Les premiers Européens qui sont arrivés en Amérique ont remarqué une plante qui leur rappelait le blé. Ils ont nommé cette plante « blé d'Inde » parce qu'ils pensaient avoir découvert les Indes. Pour la même raison, ils ont appelé « Indiens » les gens qui vivaient déjà en Amérique. Aujourd'hui, on utilise les mots « Amérindiens » ou « Autochtones ».

À l'arrivée des premiers Européens en Amérique, les Iroquoiens cultivaient le maïs.

Sais-tu comment les Iroquoiens vivaient, il y a 500 ans ?

À part le maïs, peux-tu nommer des choses (des objets, des vêtements, des aliments) que les Iroquoiens utilisaient vers 1500 et qui sont encore utilisées aujourd'hui ?

Consulte la capsule « Où vivaient les Iroquoiens vers 1500 ? » à la page 19.

TON PROJET **Un sondage à réaliser**

p. 120

Tu feras d'abord une recherche pour trouver des choses que les Iroquoiens utilisaient vers 1500 et qui sont encore utilisées aujourd'hui. Ensuite, en équipe, vous ferez un sondage auprès d'autres élèves pour savoir si eux connaissent ces choses. Finalement, vous présenterez les résultats du sondage.

La première partie de ton travail consiste à recueillir les informations.

p. 120

1. Lis les textes des pages 4 à 14 un à la fois et observe attentivement les illustrations numérotées. Ces textes et ces illustrations présentent le mode de vie des Iroquoiens qui vivaient vers 1500. Les textes sont répartis en quatre sections: une section par saison.

    a) À chaque texte que tu lis, pose-toi la question suivante: y a-t-il quelque chose que les Iroquoiens utilisaient autrefois et que nous utilisons encore aujourd'hui?

    > ATTENTION! Les choses que tu cherches sont concrètes: des objets, des jeux, des plantes cultivées, des vêtements ou des aliments.

    b) Pour vérifier tes réponses, assure-toi que ce que tu as trouvé figure dans le texte et dans une illustration numérotée.

2. Après chaque texte, note sur ta fiche 1.1, « Collecte de données », ce que tu as trouvé.

Le printemps

Le début du printemps

*A*u début du printemps, les hommes iroquoiens chaussent leurs mocassins et leurs raquettes. Ils se rendent dans la forêt. Grâce aux raquettes, ils peuvent marcher dans la neige sans s'enfoncer.

1

Ils vont d'un érable à l'autre et font une entaille dans chaque tronc.

Les Iroquoiens savent que l'érable contient un liquide sucré, la sève, qui peut être transformé en sirop.

Les femmes utilisent la sève d'érable pour faire la cuisine.

Ce sont les femmes et les enfants qui récoltent la sève d'érable. Tous portent des raquettes pour marcher dans la forêt enneigée.

La fabrication des raquettes

Les raquettes sont fabriquées par deux personnes. L'homme taille le bois pour former le cadre et la femme fait le treillis des raquettes. Pour cela, la femme coupe du cuir en bandes très minces, appelées « lanières ». Ensuite, elle tresse ces lanières.

Il faut compter trois ou quatre jours pour fabriquer une paire de raquettes.

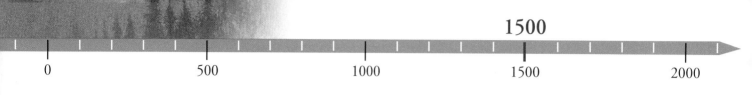
La fin du printemps

C hez les Iroquoiens, la fin du printemps annonce le début des travaux d'agriculture.

S'il faut de nouveaux champs pour l'agriculture, les hommes défrichent. Défricher, c'est préparer le terrain pour la culture en enlevant les plantes sauvages et les arbres.

Les femmes iroquoiennes bêchent le sol avant les semailles, c'est-à-dire avant de semer les graines dans la terre. Bêcher, c'est retourner la terre qui est à la surface du sol.

Elles sèment des graines de maïs, de haricot et de courge ou de citrouille. Ces plantes grandissent ensemble. Les grandes feuilles des courges couvrent le sol et empêchent les mauvaises herbes de pousser. Le maïs pousse en hauteur et sert de tuteur aux haricots. Les haricots grimpants s'enroulent autour des tiges de maïs et montent vers la lumière.

Ces plantes s'aident les unes les autres; c'est pourquoi les Iroquoiens les appellent «les trois sœurs».

Les femmes sèment aussi des graines de tournesol, dans une petite partie des champs.

Les hommes s'occupent de la culture du tabac.

La façon de défricher

Pour défricher, les hommes iroquoiens coupent les petits arbres avec une hache en pierre. Mais pour les gros arbres, la hache ne suffit pas. Alors, ils enlèvent une bande d'écorce autour du tronc pour faire mourir l'arbre en le laissant sécher. Quand l'arbre est sec, ils mettent le feu à la base du tronc. Ils éteignent ensuite le feu et ils n'ont plus qu'à pousser sur l'arbre pour le faire tomber.

COLLECTE DE DONNÉES

p. 120

1. *a)* Dans le texte et les illustrations sur les activités des Iroquoiens au printemps, as-tu trouvé des objets, des jeux, des plantes cultivées, des vêtements ou des aliments que nous utilisons encore aujourd'hui ?

   b) Vérifie tes données en t'assurant que les choses que tu as trouvées figurent dans le texte et dans une illustration numérotée.

2. Écris ces informations sur ta fiche 1.1, « Collecte de données ». N'oublie pas d'indiquer où tu as trouvé les informations.

1500

| | | | | | | | | | | | | | | | | | | | | |
0   500   1000   1500   2000

L'été

5

Le chaud soleil de l'été fait mûrir les petits fruits sauvages. Les femmes et les enfants cueillent ces fruits et les ajoutent à leur repas.

Les hommes iroquoiens chassent et pêchent. Ils chassent afin de procurer à leur famille de la nourriture, des peaux et des os. Les Iroquoiens font leurs vêtements avec des peaux de bêtes. Avec les os, ils fabriquent différents objets utiles.

Quand ils pêchent, les hommes partent en canot le soir. Ils placent leurs filets et retournent les chercher tôt le lendemain matin. Ils mangent les poissons la journée

même ou les font sécher en prévision de l'hiver. L'achigan et le touladi sont des poissons que pêchent les Iroquoiens.

Consulte la capsule « Des mots qui viennent des Amérindiens » à la page 22.

Les villages iroquoiens sont souvent situés près des cours d'eau, qui fournissent l'eau potable nécessaire. Habiter près d'un cours d'eau facilite les déplacements, car le principal moyen de transport est le canot. Les Iroquoiens se déplacent aussi à pied, dans les sentiers de la forêt.

La fabrication d'un canot

Le canot est fait de grands morceaux d'écorce assemblés sur des morceaux de bois. Les hommes coupent le bois pour faire les canots et les femmes cousent l'écorce. Pour rendre les coutures imperméables, elles les recouvrent avec de la gomme de sapin, le liquide collant qui se trouve sur l'écorce des sapins.

COLLECTE DE DONNÉES

1. *a)* Dans le texte que tu viens de lire et dans les illustrations que tu viens d'observer, y a-t-il des objets, des jeux, des plantes cultivées, des vêtements ou des aliments que nous utilisons encore aujourd'hui ?

   b) Vérifie tes données en t'assurant que les choses que tu as trouvées figurent dans le texte et dans une illustration numérotée.

2. Sur ta fiche 1.1, « Collecte de données », consigne les informations que tu retiens. N'oublie pas d'indiquer tes sources.

L'automne

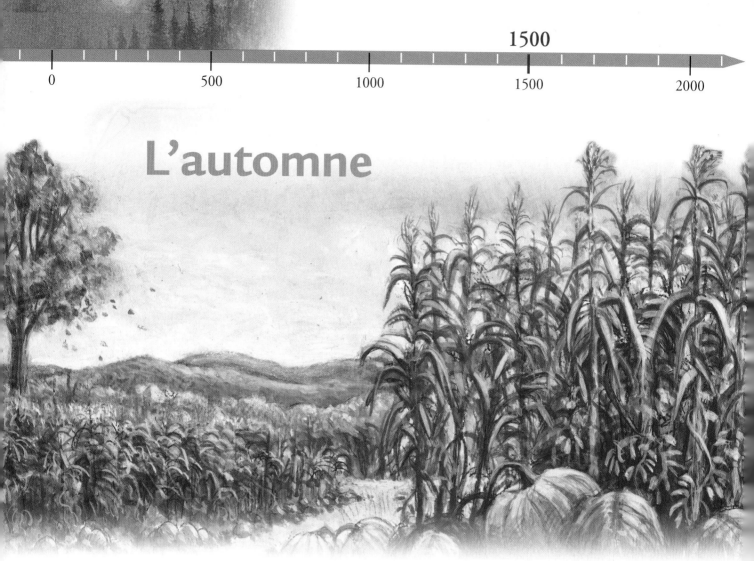

C hez les Iroquoiens, au début de l'automne, c'est le temps des récoltes. Les femmes récoltent, c'est-à-dire ramassent les haricots, les épis de maïs, les graines de tournesol et les courges ou les citrouilles.

6

7

Les hommes récoltent les feuilles de tabac.

Afin de conserver la nourriture pour l'hiver, les femmes font sécher au soleil une grande partie du maïs récolté. Lorsque le maïs est bien sec, elles enlèvent les grains, les nettoient et les entreposent dans de grands tonneaux d'écorce. Elles font sécher des fruits et des légumes. Elles font aussi fumer la viande et le poisson au-dessus du feu.

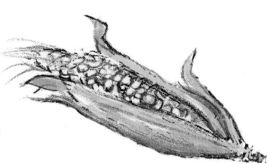

Parfois, elles font cuire des grains de maïs jusqu'à ce qu'ils éclatent.

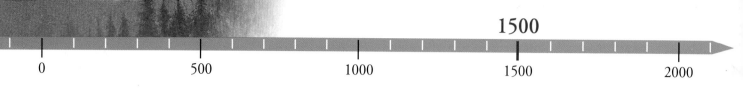

Les hommes iroquoiens font du troc, c'est-à-dire qu'ils échangent des choses avec d'autres Amérindiens*. Par exemple, ils échangent du maïs, de la farine, des courges ou du tabac contre de la viande et du poisson.

Les échanges terminés, on organise une partie de crosse. Ce jeu oppose deux équipes. Les joueurs doivent envoyer une balle dans le but de l'équipe adverse au moyen d'une crosse.

8

COLLECTE DE DONNÉES

1. *a)* L'automne est une saison riche en activités pour les Iroquoiens. As-tu trouvé des objets, des jeux, des plantes cultivées, des vêtements ou des aliments que nous utilisons encore aujourd'hui ?

   b) Vérifie tes réponses en t'assurant que les choses que tu as trouvées figurent dans le texte et dans une illustration numérotée.

2. Écris tes informations sur ta fiche 1.1, « Collecte de données ». N'oublie pas de donner les sources de tes informations.

* Pour connaître le sens des mots soulignés, consulte *Le vocabulaire géographique et historique de mon manuel*, à la page 136.

L'hiver

Habillés chaudement avec des peaux et chaussés de mocassins et de raquettes, les hommes affrontent le froid de l'hiver. Ils partent à la recherche d'animaux sauvages. Ils utilisent un toboggan, c'est-à-dire un traîneau, et y déposent leur équipement de chasse et les animaux qu'ils rapportent. Le toboggan glisse facilement sur la neige.

9

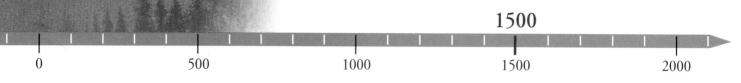
Toute l'année, les enfants apprennent en travaillant avec les adultes. Dès leur jeune âge, les filles travaillent aux champs avec les femmes; elles cuisinent, cousent et s'occupent de la maison.

Les garçons chassent et pêchent avec les hommes. Ils apprennent les techniques de la guerre et la survie en forêt. Ils apprennent à s'orienter à l'aide d'éléments de la nature tels le Soleil et les arbres. Ils apprennent aussi à construire des abris.

Durant l'hiver, comme les enfants ont moins de travail à faire, les aînés leur racontent des légendes. C'est ainsi qu'ils transmettent leurs croyances, leurs traditions et certaines connaissances venant de leurs ancêtres.

COLLECTE DE DONNÉES

1. *a)* As-tu reconnu des objets, des jeux, des plantes cultivées, des vêtements ou des aliments qui étaient utiles aux Iroquoiens et que nous utilisons encore aujourd'hui ?

   b) Vérifie tes réponses en t'assurant que les choses que tu as trouvées figurent dans le texte et dans une illustration numérotée.

2. Écris tes informations sur ta fiche 1.1, « Collecte de données ». N'oublie pas de donner les sources de tes informations.

TON PROJET

p. 120

Pour poursuivre ton projet, passe maintenant à la deuxième partie de ton travail. Elle consiste à réaliser un sondage.

En groupe classe

1. Mettez en commun les informations que vous avez consignées sur la fiche 1.1, « Collecte de données ».

2. Lisez attentivement la fiche 1.2, « Questionnaire », que votre enseignante ou votre enseignant vous a remise.

En équipe de deux

3. Choisissez quatre élèves de l'école à qui poser vos questions.

4. Posez les questions de la fiche 1.2, « Questionnaire », aux élèves que vous avez choisis. Notez bien leurs réponses sur la fiche.

5. Faites le total des « oui » et des « non » que votre équipe a obtenus pour chaque question.

1500

| 0 | 500 | 1000 | 1500 | 2000 |

DÉCOUVERTES

PRÉSENTATION

En groupe classe

1. Mettez en commun les résultats de toutes les équipes.

2. Discutez des résultats. Parmi les choses que les Iroquoiens utilisaient,

    a) quelles sont les plus connues?

    b) quelles sont les moins connues?

En équipe de deux

3. Choisissez une façon de présenter les résultats de la classe. Vous pouvez:

    • faire un diagramme à bandes;

    • faire un diagramme à pictogrammes;

    • choisir une autre façon de présenter les résultats.

4. Complétez individuellement la fiche 1.3, «Les Iroquoiens vers 1500». Cette fiche vous aidera à donner des informations sur les Iroquoiens lorsque vous présenterez les résultats du sondage.

5. Retournez présenter votre travail aux élèves que vous avez interrogés.

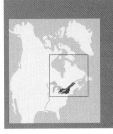

SYNTHÈSE

Avec ton enseignante ou ton enseignant, fais maintenant le point sur tes nouvelles connaissances.

1. Qu'est-ce que tu connais du territoire des Iroquoiens ?

2. Qu'est-ce que tu connais du mode de vie des Iroquoiens ?

3. Nomme une activité des Iroquoiens pour chaque saison de l'année. Explique pourquoi cette activité convient bien à la saison.

4. *a)* Nomme des choses que les Iroquoiens utilisaient vers 1500 et que nous utilisons encore aujourd'hui.

   b) Au cours de ce projet, quelle a été ta plus grande découverte ? Pourquoi ?

BILAN

1. Au cours de ton projet, quelle tâche t'a semblé la plus facile ?
   - Discuter en groupe.
   - Lire des textes.
   - Trouver des informations dans les illustrations.
   - Travailler en équipe.
   - Faire un sondage.
   - Bâtir un diagramme ou autre pour présenter les résultats.
   - Communiquer les résultats de l'enquête.

p. 120

2. Dans la boîte à outils, qu'est-ce qui t'a été le plus utile dans la démarche pour exploiter l'information ?

500 ans, qu'est-ce que ça représente ?

Ligne du temps de 1500 à 2000

1500   1600   1700   1800   1900   2000

Je m'appelle Antoine. J'ai 10 ans.

Sur la ligne du temps ci-dessus, ma vie représente cette portion : ▮.

Je m'appelle Lauréat. Je suis le père d'Antoine. J'ai 40 ans.

Sur la ligne du temps ci-dessus, ma vie représente cette portion : ▬, c'est-à-dire quatre fois celle d'Antoine.

Je m'appelle Marie-Louise. Je suis la grand-mère d'Antoine. J'ai 80 ans.

Sur la ligne du temps ci-dessus, ma vie représente cette portion : ▬▬, c'est-à-dire huit fois celle d'Antoine.

Ligne du temps de 1500 à 2000

1500   1600   1700   1800   1900   2000

Sur cette ligne du temps, la période de 500 ans va de 1500 à 2000. Cela représente 50 fois la vie d'Antoine.

Où vivaient les Iroquoiens vers 1500?

Quand les Européens sont arrivés en Amérique du Nord, vers 1500, le territoire était déjà habité par quelques millions de personnes.

Les Iroquoiens faisaient partie de ceux qui vivaient depuis très longtemps, des milliers d'années, en Amérique du Nord. On estime qu'il y avait de 100 000 à 150 000 Iroquoiens à cette époque.

Les Iroquoiens étaient divisés en cinq grands groupes: les Hurons-Wendat, les Iroquois, les Neutres, les Pétuns et les Ériés. Ils habitaient dans des villages, dont Hochelaga (aujourd'hui Montréal) et Stadaconé (aujourd'hui Québec).

Les Iroquoiens vivaient dans les basses-terres du Saint-Laurent et des Grands Lacs. Des basses-terres, ce sont généralement des plaines, c'est-à-dire de vastes étendues de terrains plats. Les basses-terres du Saint-Laurent et des Grands Lacs sont légèrement ondulées et comptent de nombreux cours d'eau. Elles ont un sol fertile. Un sol fertile est un sol où les plantes poussent bien.

Le territoire des Iroquoiens était entouré par le territoire des Algonquiens. Le territoire des Algonquiens était immense. Les Algonquiens comprenaient plusieurs groupes, par exemple les Micmacs, les Innus (ou Montagnais), les Algonquins et les Cris.

La région colorée en mauve sur la carte I représente le territoire que les Iroquoiens occupaient vers 1500.

Carte I – Le territoire des Iroquoiens vers 1500.

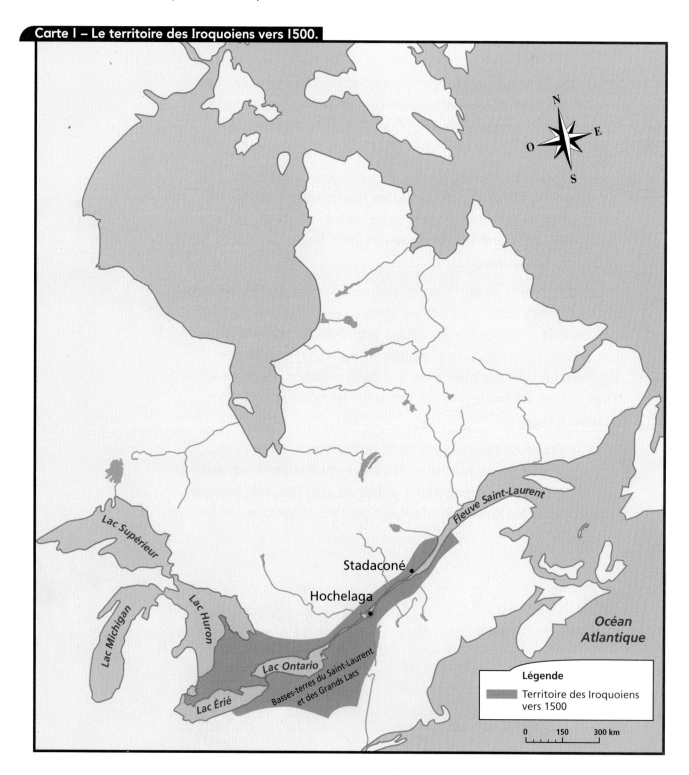

Légende

Territoire des Iroquoiens vers 1500

Situe ton école sur une carte du Québec d'aujourd'hui. Si tu avais vécu à cet endroit vers 1500, aurais-tu vécu sur le territoire iroquoien ?

Carte 2 – Le Québec actuel.

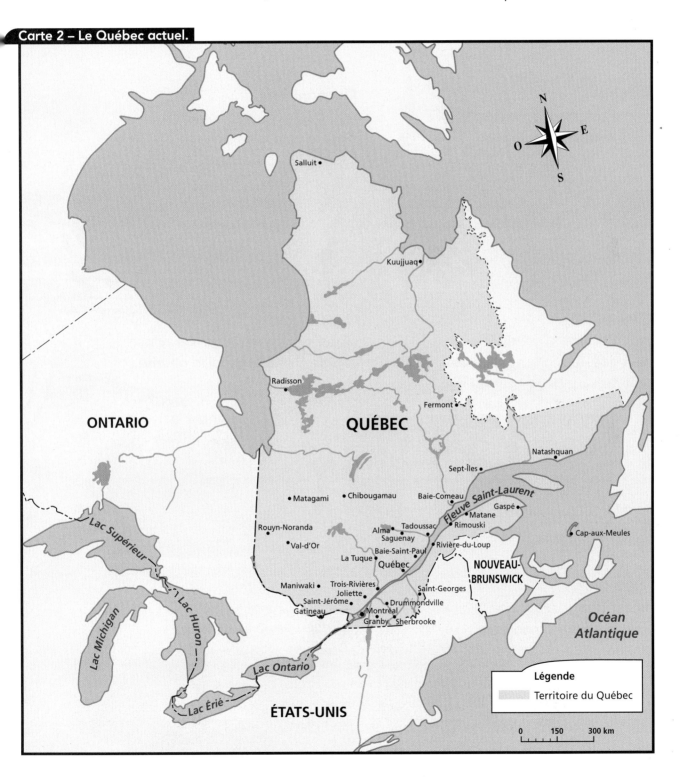

Salluit

Kuujjuaq

Radisson

Fermont

ONTARIO

QUÉBEC

Natashquan

Sept-Îles

Fleuve Saint-Laurent

Matagami   Chibougamau   Baie-Comeau

Gaspé

Matane

Rouyn-Noranda   Alma   Tadoussac   Rimouski
Saguenay

Cap-aux-Meules

Val-d'Or   Rivière-du-Loup

La Tuque   Baie-Saint-Paul

Québec   **NOUVEAU-BRUNSWICK**

Maniwaki   Trois-Rivières
Joliette   Saint-Georges

Saint-Jérôme   Drummondville   *Océan Atlantique*

Gatineau   Montréal
Granby   Sherbrooke

Lac Supérieur

Lac Huron

Lac Michigan

Lac Ontario

Lac Érié

ÉTATS-UNIS

Légende
▨ Territoire du Québec

0   150   300 km

Des mots qui viennent des Amérindiens

Des noms d'animaux

Achigan :
mot d'origine algonquienne ;
c'est le nom d'un poisson.

Ouananiche :
mot d'origine algonquienne ;
c'est le nom d'un poisson.

Caribou :
mot d'origine algonquienne qui
veut dire «qui gratte la neige
pour trouver de la nourriture» ;
c'est le nom d'un animal.

Ouaouaron :
mot d'origine iroquoienne ; c'est
le nom d'une grenouille géante.

Maskinongé :
mot d'origine algonquienne ;
c'est le nom d'un poisson.

Touladi :
mot d'origine algonquienne ;
c'est le nom d'un poisson.

Des noms de lieux

Canada : nom d'origine iroquoienne qui veut dire «village» ou «peuplement».

Kénogami : nom d'origine algonquienne qui signifie «lac long»; c'est le nom d'une ville et d'un lac du Québec.

Ontario : nom d'origine iroquoienne qui veut dire «eau belle et scintillante»; c'est le nom d'un Grand Lac et d'une province voisine du Québec.

Ottawa : nom d'origine algonquienne qui signifie «eaux qui bouillent»; c'est le nom de la capitale du Canada.

Matane : nom d'origine algonquienne qui signifie «épaves», «débris de navires»; c'est le nom d'une ville du Québec.

Québec : nom d'origine algonquienne qui veut dire «là où la rivière se rétrécit».

Les premiers habitants de l'Amérique

Algonquiens, Iroquoiens et Incas vers 1500

Des

De nos jours, le travail des peaux chez les Algonquiens, près de Schefferville.

Une classe de l'école algonquienne actuelle de Val d'Or.

Une église montagnaise près de Mingan à l'époque actuelle.

Le conseil des Mohawks de Kahnawake.

Amérindiens

aujourd'hui

Près de la ville actuelle de Cuzco, au Pérou.

De nos jours, du tissage au Pérou.

Les ruines incas telles qu'on les voit de nos jours à Machu Picchu, au Pérou.

Dans les musées

Un collier de dents d'ours de la région des Grands Lacs (vers1650).

Un fragment de hache iroquoienne en pierre (datant de 8000 ans environ).

Un vase inca (vers 1500).

Un masque iroquoien en fibres de maïs (vers 1900).

Un fragment de tissu inca (vers 1500).

Des pilons en bois algonquiens (vers 1900).

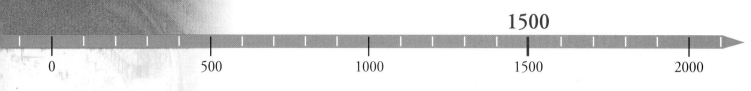

SUR LA PISTE

Ces affiches illustrent trois sociétés amérindiennes qui vivaient en Amérique vers 1500: la société algonquienne, la société iroquoienne et la société inca. Observe bien les éléments qui sont représentés. Ils te suggèrent des ressemblances et des différences entre ces trois sociétés.

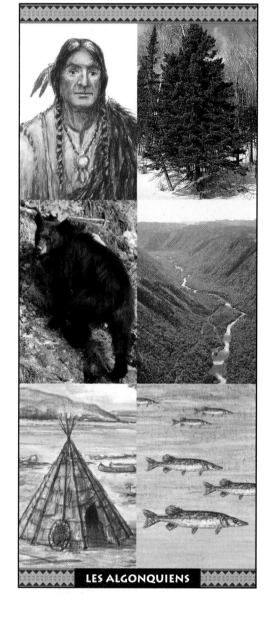

LES ALGONQUIENS

1. Nomme les éléments que tu connais.

2. Y a-t-il quelque chose qui t'étonne dans ces affiches? Quoi?

3. À partir de ces affiches, fais des hypothèses, c'est-à-dire des suppositions, au sujet des ressemblances et des différences entre les trois sociétés.

Toi, dans laquelle de ces trois sociétés aurais-tu aimé vivre en 1500?

LES IROQUOIENS

LES INCAS

TON PROJET   Une société à choisir

En équipe, vous allez d'abord effectuer une recherche sur ces trois sociétés. Vous choisirez ensuite la société où vous auriez aimé vivre en 1500. Vous présenterez finalement votre choix à la classe, en le justifiant.

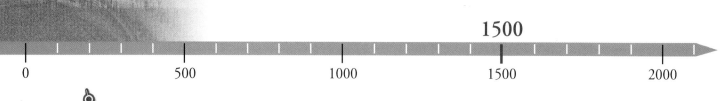

ENQUÊTE

Les principales caractéristiques
des trois sociétés

1. La première partie
de l'enquête te fait
connaître les princi-
pales caractéristiques
des trois sociétés.
Pour bien t'informer,
lis les pages 28 à 31.

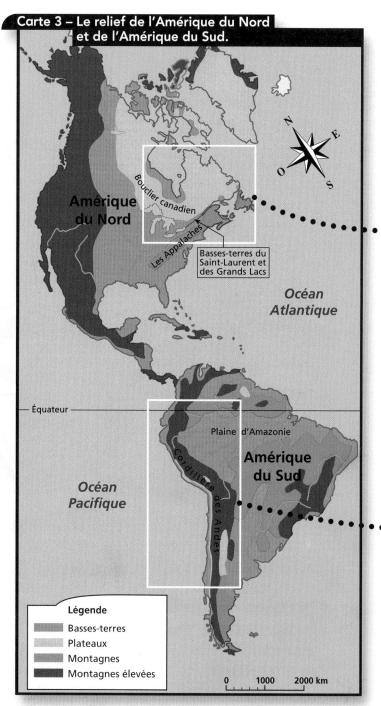

Carte 3 – Le relief de l'Amérique du Nord et de l'Amérique du Sud.

1. Nomme deux régions
qui sont des basses-
terres.

2. Où sont situées
les montagnes
les plus hautes ?

3. Nomme deux chaînes
de montagnes.

4. Sur la carte 4, situe le territoire iroquoien et le territoire algonquien.

5. Nomme le cours d'eau qui traverse ces deux territoires.

6. Nomme l'océan situé à l'est du territoire des Algonquiens.

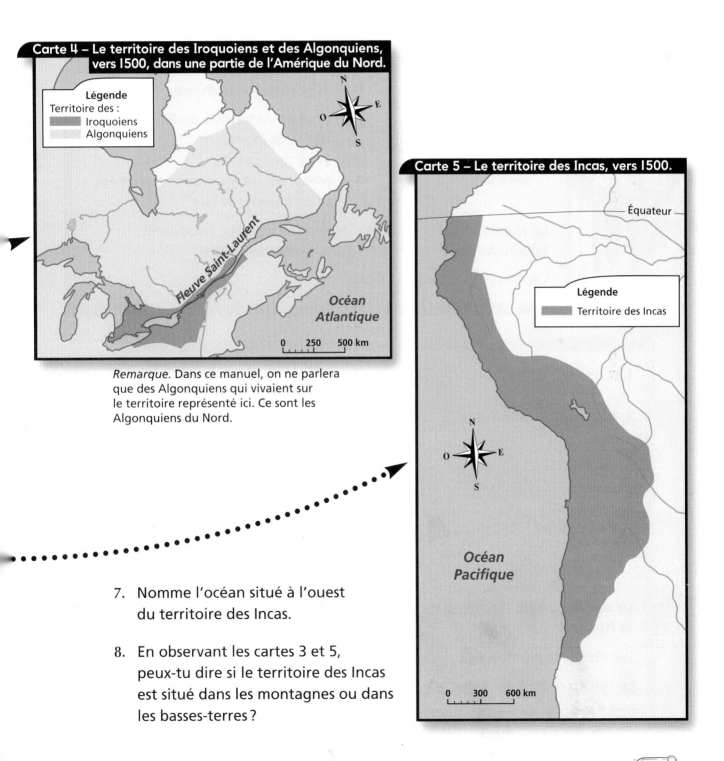

Carte 4 – Le territoire des Iroquoiens et des Algonquiens, vers 1500, dans une partie de l'Amérique du Nord.

Légende
Territoire des :
■ Iroquoiens
□ Algonquiens

N
O E
S

Fleuve Saint-Laurent

Océan Atlantique

0   250   500 km

Remarque. Dans ce manuel, on ne parlera que des Algonquiens qui vivaient sur le territoire représenté ici. Ce sont les Algonquiens du Nord.

Carte 5 – Le territoire des Incas, vers 1500.

Équateur

Légende
■ Territoire des Incas

N
O E
S

Océan Pacifique

0   300   600 km

7. Nomme l'océan situé à l'ouest du territoire des Incas.

8. En observant les cartes 3 et 5, peux-tu dire si le territoire des Incas est situé dans les montagnes ou dans les basses-terres ?

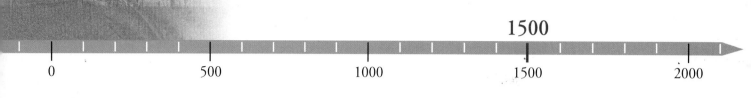

0   500   1000   1500   2000

Tu trouveras ci-après des renseignements sur les Algonquiens,
les Iroquoiens et les Incas.

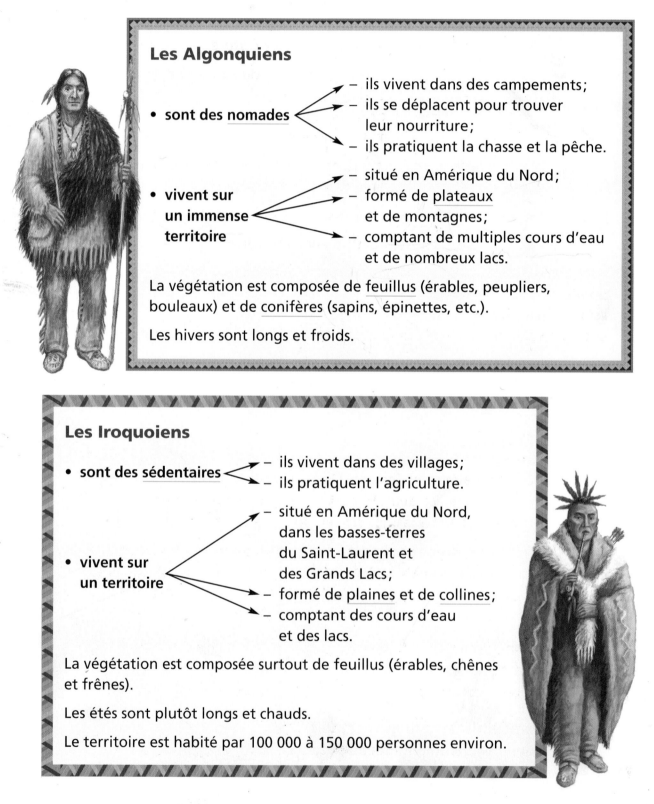

Les Algonquiens

• **sont des nomades**
 – ils vivent dans des campements;
 – ils se déplacent pour trouver leur nourriture;
 – ils pratiquent la chasse et la pêche.

• **vivent sur un immense territoire**
 – situé en Amérique du Nord;
 – formé de plateaux et de montagnes;
 – comptant de multiples cours d'eau et de nombreux lacs.

La végétation est composée de feuillus (érables, peupliers, bouleaux) et de conifères (sapins, épinettes, etc.).

Les hivers sont longs et froids.

Les Iroquoiens

• **sont des sédentaires**
 – ils vivent dans des villages;
 – ils pratiquent l'agriculture.

• **vivent sur un territoire**
 – situé en Amérique du Nord, dans les basses-terres du Saint-Laurent et des Grands Lacs;
 – formé de plaines et de collines;
 – comptant des cours d'eau et des lacs.

La végétation est composée surtout de feuillus (érables, chênes et frênes).

Les étés sont plutôt longs et chauds.

Le territoire est habité par 100 000 à 150 000 personnes environ.

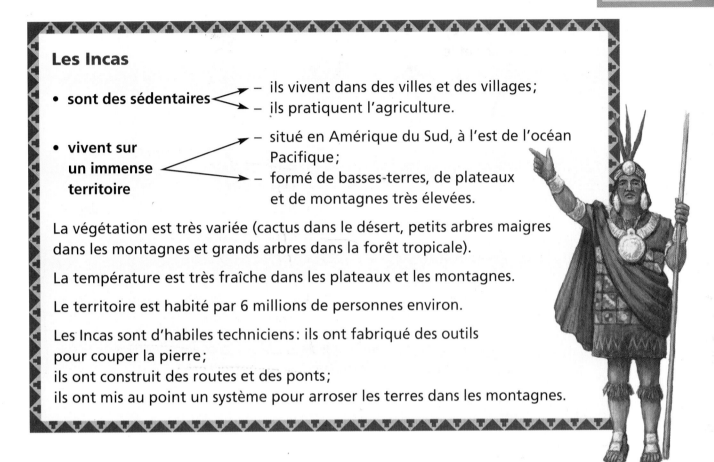

Les Incas

- **sont des sédentaires** ⟵
  - ils vivent dans des villes et des villages;
  - ils pratiquent l'agriculture.

- **vivent sur un immense territoire**
  - situé en Amérique du Sud, à l'est de l'océan Pacifique;
  - formé de basses-terres, de plateaux et de montagnes très élevées.

La végétation est très variée (cactus dans le désert, petits arbres maigres dans les montagnes et grands arbres dans la forêt tropicale).

La température est très fraîche dans les plateaux et les montagnes.

Le territoire est habité par 6 millions de personnes environ.

Les Incas sont d'habiles techniciens: ils ont fabriqué des outils pour couper la pierre;
ils ont construit des routes et des ponts;
ils ont mis au point un système pour arroser les terres dans les montagnes.

 **ENQUÊTE** *suite*

2. Tu connais maintenant les principales caractéristiques des trois sociétés. La deuxième partie de ton enquête consiste à chercher des informations sur un aspect de chaque société.

p. 132-133 *a)* En équipe, prenez connaissance des textes des pages 32 à 51. Choisissez ensemble la section que chaque membre de l'équipe doit lire. Chaque section présente un aspect des sociétés. Voici les titres des six sections à se partager et à lire:

- La nature et les saisons
- L'alimentation et les vêtements
- Les grands chefs
- Les croyances et les fêtes
- Les habitations
- Les échanges

b) Lis la section dont tu es responsable.

c) Après ta lecture, prends des notes sur ta fiche 2.1, «Renseignements intéressants».

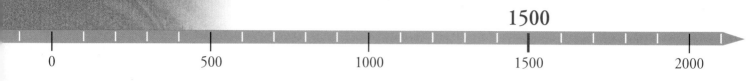

La nature et les saisons

Une année chez les Algonquiens

*L*es paysages du territoire algonquien se composent principalement de plateaux recouverts de forêts. Un plateau est un terrain plutôt plat, comme une plaine, mais il est plus élevé. La forêt algonquienne comprend des feuillus et des conifères. Les feuillus, comme le bouleau, sont des arbres qui perdent leurs feuilles à l'automne. Les conifères, comme le sapin et l'épinette, gardent leurs aiguilles toute l'année. Les ours et les cerfs sont nombreux sur ce territoire.

Un cerf.

Les Algonquiens vivent en groupes constitués de plusieurs familles. L'été, les groupes se rassemblent pour former une bande de 100 ou 200 personnes. Ils campent alors au bord d'un lac ou d'une rivière et ils pêchent pour se nourrir. Les cours d'eau sont nombreux sur leur territoire et ils fournissent une pêche abondante.

Un plateau couvert de conifères et de feuillus.

Un ours.

Un territoire où il fait très froid l'hiver.

L'hiver est une saison difficile pour les Algonquiens, car il fait très froid et il neige beaucoup sur leur territoire. Durant cette saison, ils se déplacent vers le nord de leur territoire et chassent les orignaux et les caribous. Là, il fait plus froid encore et le vent souffle très fort.

La terre des Iroquoiens

Les Iroquoiens habitent dans des villages. Comme les Algonquiens, les Iroquoiens vivent souvent près des nombreux cours d'eau de leur territoire. Ils ont ainsi de l'eau potable en abondance.

Des caribous.

Le maïs pousse bien sur le territoire fertile des Iroquoiens.

Les forêts de feuillus sont nombreuses dans les plaines et sur les collines du territoire iroquoien. Les collines sont de petites élévations de terrain aux sommets arrondis. Les feuillus qui composent ces forêts sont principalement des érables et des frênes. Il y a beaucoup de cerfs et de loups dans le territoire iroquoien.

Les Iroquoiens utilisent la fourrure épaisse du loup pour faire des couvertures.

Une colline.

Un frêne.

Comme on peut le voir sur la carte 4, à la page 29, les Iroquoiens habitent plus au sud que les Algonquiens : l'été est donc plus long et un peu plus chaud chez les Iroquoiens.

Durant l'hiver, il tombe beaucoup de neige et il fait froid. Cependant, cette saison est moins longue et moins froide que celle que les Algonquiens connaissent.

Chez les Incas, de l'océan à la forêt tropicale

Les paysages du territoire inca sont très différents de ceux du territoire iroquoien. L'explication est simple : les Incas vivent en Amérique du Sud, alors que les Iroquoiens vivent en Amérique du Nord.

Le désert

Au bord de l'océan Pacifique se trouve un étroit désert de cailloux et de sable. Dans ce désert, il fait très chaud le jour et très froid la nuit. C'est le domaine des cactus et de quelques animaux comme le serpent. Peu d'Incas vivent dans le désert.

Un cactus.

Hautes montagnes

Forêt tropicale

Plateaux

Océan
Pacifique

Désert

Le territoire des Incas, d'ouest en est.

Les plateaux et les montagnes

En allant vers l'est, on traverse des plateaux et de hautes montagnes. Plus on monte dans la montagne, moins il y a d'arbres. Certaines de ces montagnes ont des sommets couverts de neige, même en été.

C'est surtout dans la région des plateaux et des montagnes que les Incas vivent. Durant toute l'année, la température est fraîche le jour et froide la nuit.

Les animaux de cette région sont très différents de ceux du territoire iroquoien. Parmi les animaux sauvages, on trouve le puma et le grand condor, qui plane dans le ciel.

Un condor.

Un village inca.

Le puma, un grand chasseur des montagnes.

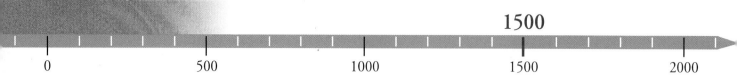
Les Incas élèvent des troupeaux de lamas et d'alpagas. L'alpaga est un animal qui ressemble beaucoup au lama. Ses poils, doux et chauds, servent à faire des vêtements.

Une forêt tropicale.

La forêt tropicale

À l'est des montagnes, on redescend rapidement vers un vaste territoire couvert par la forêt tropicale. Dans la forêt tropicale, la chaleur et l'humidité font pousser beaucoup d'arbres, très hauts et serrés les uns contre les autres.

Des alpagas.

COLLECTE DE DONNÉES

Tu as fini de lire la section que ton équipe t'a confiée.

1. Vérifie ce que tu as compris.

   a) Trouve une différence entre les Algonquiens et les Iroquoiens à propos de la végétation.

   b) Dans quelle région les Incas vivent-ils principalement ?

   c) Trouve une différence entre les Iroquoiens et les Incas à propos des paysages.

   d) Quelle ressemblance y a-t-il entre les Iroquoiens et les Algonquiens en ce qui concerne les saisons ?

2. Remplis maintenant ta fiche 2.1, « Renseignements intéressants ».

Les grands chefs

L'art de parler pour le chef algonquien

Le chef algonquien est choisi pour son habileté à convaincre par la parole. En effet, chez les Algonquiens, le chef n'impose pas ses décisions : il doit expliquer aux autres pourquoi celles-ci sont bonnes. Pour être écouté, il doit donc être capable de trouver d'excellents arguments.

Le chef algonquien est aussi choisi pour son courage ainsi que pour ses talents de chasseur et de pêcheur.

L'hiver, les Algonquiens vivent en petits groupes. Ils se déplacent souvent pour trouver de la nourriture. Chaque petit groupe se choisit alors un chef pour l'hiver. Ce chef doit être un excellent chasseur. S'il sait bien communiquer et s'il est brave, il pourra peut-être devenir grand chef lorsque les groupes se rassembleront pour l'été.

Un chef algonquien.

Deux chefs pour les Iroquoiens

Les Iroquoiens sont dirigés par deux chefs : l'un s'occupe de la guerre et l'autre s'occupe de la vie au village.

Comme chez les Algonquiens, les Iroquoiens choisissent leurs chefs. Les chefs iroquoiens sont choisis par les femmes les plus âgées du village.

Un chef iroquoien.

Les trois qualités principales des chefs sont l'intelligence, le courage à la guerre et l'habileté orale.

Les chefs iroquoiens dirigent avec l'aide d'un conseil. Le conseil est composé des anciens, c'est-à-dire des personnes âgées du village. Parfois, les fils des chefs participent aux réunions du conseil. Chacun donne son opinion et écoute calmement les autres. Les Iroquoiens respectent le droit de parole.

Pendant les réunions, les membres du conseil fument une pipe appelée « calumet ».

Un chef inca riche et honoré

Le chef inca est adoré comme un dieu. Il vit dans un palais construit en pierre. Il mange dans de la vaisselle en or. Lorsque les gens veulent s'approcher de lui, ils doivent s'incliner, par respect.

Durant les grandes fêtes, il se fait transporter sur un siège en or et en argent.

Contrairement au chef iroquoien, le chef inca n'est pas choisi par d'autres personnes : quand un chef meurt, c'est son fils qui le remplace. La femme du chef inca peut aider son mari à prendre certaines décisions.

Le chef inca est considéré comme le fils du Soleil.

Un chef inca sur son siège en or et en argent.

Le territoire des Incas est immense et très peuplé. C'est pour cela que le chef inca nomme des hommes qui l'aident à gouverner. Il choisit quatre dirigeants principaux, puis d'autres responsables pour les aider. Même les petits villages ont leur responsable.

Chef inca

Dirigeants principaux

Autres dirigeants

Tous les Incas respectent le chef inca et lui obéissent.

Peuple

COLLECTE DE DONNÉES

Tu as fini de lire la section que ton équipe t'a confiée.

1. Vérifie ce que tu as compris.

   a) Trouve une différence entre les Algonquiens et les Iroquoiens à propos des chefs.

   b) Comment le chef inca fait-il pour gouverner son immense territoire et la population nombreuse qui l'habite ?

   c) Trouve une différence entre les Iroquoiens et les Incas à propos des chefs.

   d) Quelle ressemblance y a-t-il entre les chefs iroquoiens et les chefs algonquiens ?

2. Remplis maintenant ta fiche 2.1, « Renseignements intéressants ».

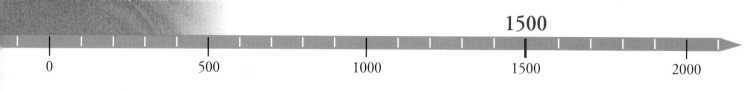

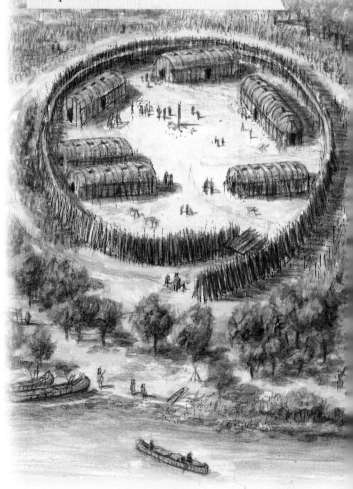

Les habitations

Chez les Algonquiens, une maison facile à transporter

Les Algonquiens déplacent souvent leur campement au cours d'une année. On dit qu'ils sont «nomades». Ils ont donc inventé une maison facile à transporter, qu'on appelle le *wigwam*. Les *wigwams* peuvent être montés et démontés rapidement. Ce sont les femmes qui s'occupent de les monter et de les démonter. Ce sont elles aussi qui les transportent en pièces détachées sur leur dos. Elles peuvent les reconstruire en moins de deux heures.

Le *wigwam* des Algonquiens est fait avec des poteaux de bois. Il est recouvert d'écorce de bouleau ou de peaux d'animaux. À l'intérieur, le sol est tapissé de branches de sapin. Pour se réchauffer ou pour cuire les aliments, les Algonquiens font un feu au centre de leur *wigwam*.

Chez les Iroquoiens, une maison longue dirigée par une femme

Les villages iroquoiens sont protégés par une palissade.

La maison algonquienne a deux formes différentes : la forme d'un cône ❶ ou celle d'un dôme ❷.

Contrairement aux Algonquiens, les Iroquoiens vivent longtemps au même endroit: ce sont des sédentaires. Leurs maisons, qu'on appelle «maisons longues», sont regroupées dans un village. Les Iroquoiens déplacent leurs villages environ tous les 15 ans.

La maison longue est construite à l'aide de perches de bois et elle est recouverte d'écorce. Elle peut mesurer jusqu'à 45 m de long. Elle est suffisamment grande pour abriter plusieurs familles. C'est toujours une femme âgée qui en est la responsable.

On trouve des emplacements pour les feux au milieu de la maison longue. Il y a un feu pour deux familles. De chaque côté se trouvent des lits à étages. De la nourriture y est suspendue pour sécher.

Dans la maison longue, chaque famille iroquoienne a une section bien à elle.

Chez les Incas, une maison dans la montagne

Comme les Iroquoiens, les Incas sont sédentaires. Ils vivent dans des villages. Leur maison est construite en pierre, avec des murs très épais. Ces maisons n'ont qu'une seule pièce. Il y a peu de meubles, sauf peut-être un berceau pour le bébé et un fourneau en terre cuite. Le long d'un des murs, des grands sacs en peau d'animal ou des récipients en terre cuite servent à ranger les vêtements et les outils.

À l'extérieur de la maison, un banc de pierre permet de se reposer.

Les maisons des Incas ont un toit en paille.

COLLECTE DE DONNÉES

Tu as fini de lire la section que ton équipe t'a confiée.

1. Vérifie ce que tu as compris.

   a) Pourquoi les Algonquiens ont-ils inventé une maison facile à transporter ?

   b) Trouve une différence entre la maison des Algonquiens et celle des Iroquoiens.

   c) Trouve une différence entre la maison des Iroquoiens et celle des Incas.

   d) Trouve une ressemblance entre la maison des Iroquoiens et celle des Algonquiens.

2. Remplis ta fiche 2.1, « Renseignements intéressants ».

L'alimentation et les vêtements

De la viande et du poisson pour les Algonquiens

Les Algonquiens sont des <u>nomades</u>; leur alimentation dépend de ce qu'ils chassent et pêchent au cours de leurs déplacements. Ils mangent du caribou, de l'orignal, du lièvre, du canard, du poisson et de l'ours. La viande est cuite sur la braise, séchée ou fumée. Les Algonquiens mangent aussi des œufs d'oiseaux.

Les Algonquiens font parfois des échanges avec les Iroquoiens: ils ajoutent alors un peu de maïs à leur repas.

Pendant l'hiver, il arrive que les Algonquiens manquent de nourriture. Ils doivent alors se contenter de fruits séchés ou de farine de maïs. Si la chasse et la pêche sont bonnes, ils se régalent d'un morceau de castor ou de porc-épic, ou encore d'un poisson attrapé sous la glace.

L'été, les Algonquiens se nourrissent principalement des poissons qu'ils pêchent. Ils cueillent des fraises, des framboises et des bleuets. Ils boivent de l'eau et, à la fin du repas, ils mâchent de la gomme de sapin.

Par beau temps, la cuisine se fait à l'extérieur chez les Algonquiens.

Pour les Iroquoiens, des aliments cultivés

Les Iroquoiens se nourrissent principalement des produits qu'ils cultivent: du maïs, des courges, des citrouilles et des haricots.

Avec le maïs, les femmes préparent une soupe dans laquelle elles ajoutent du poisson ou de la viande. Elles fabriquent également une sorte de pain très lourd, cuit sous la cendre. Le maïs se mange aussi grillé ou pilé.

Les Iroquoiens ajoutent à leur repas des petits fruits qu'ils cueillent autour de leur village.

Ils boivent de l'eau bouillie, à laquelle ils ajoutent des morceaux de branches de sapin ou d'épinette.

Au centre de la maison longue, des feux permettent de faire la cuisine.

Des cultures en terrasses chez les Incas

Pour faire de l'agriculture sur les terrains en pente des montagnes, les Incas ont inventé les cultures en terrasses. Ils installent leurs champs sur des terrasses qu'ils construisent dans la montagne. Ils creusent des rigoles qui apportent de l'eau dans les champs, de terrasse en terrasse. Grâce à ces travaux, l'agriculture leur fournit une grande partie de leur alimentation.

Les cultures en terrasses incas.

Les Incas se nourrissent d'une plante appelée *quinoa*, de courges, de maïs et de pommes de terre.

Avec le maïs et les pommes de terre, ils préparent une soupe épaisse, épicée avec des piments. La chair de lama ou d'oiseaux vient compléter leur repas.

Les adultes incas boivent de la bière de maïs et les enfants, du lait de lama ou de l'eau.

Les vêtements

Les **Algonquiens** utilisent la peau des animaux qu'ils chassent pour s'habiller : orignal ou caribou. Les hommes et les femmes portent des jambières et des mocassins.

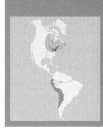

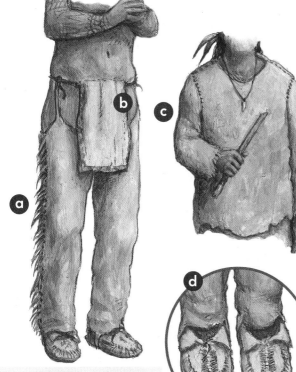

Les hommes portent aussi une sorte de chemise et un pagne. Les femmes s'habillent avec une chemise et une jupe qui descend sous les genoux.

Pour décorer leurs vêtements, les Algonquiens utilisent des piquants de porc-épic teints en rouge, jaune, noir ou violet.

Pour l'hiver, les Algonquiens se confectionnent des bonnets et des mitaines en fourrure ; ils s'enveloppent aussi d'une couverture de fourrure qui leur sert de manteau.

Comme les Algonquiens, les **Iroquoiens** s'habillent avec des vêtements fabriqués en peaux d'animaux. Hommes et femmes enfilent des jambières et se chaussent de mocassins.

Les femmes portent une courte chemise et une jupe.

Jambières **a**, pagne **b**, chemise **c** et mocassins **d** algonquiens.

Les Iroquoiennes portent des jupes et parfois des jambières.

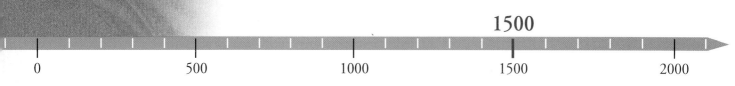
Les hommes sont généralement vêtus d'un pagne. En été, ils sont souvent torse nu ; en hiver, ils portent une chemise qui descend jusqu'aux cuisses. Comme les Algonquiens, ils décorent leurs vêtements avec des piquants de porc-épic teints de différentes couleurs.

Les **Incas** s'habillent chaudement parce qu'ils vivent dans les hautes montagnes. Les femmes tissent la laine des animaux ; elles créent des motifs très détaillés.

Les hommes portent un pagne et une chemise qui va jusqu'aux genoux. Quant aux femmes, elles mettent une jupe longue qui monte sous les bras et une mante fermée au cou.

Hommes et femmes se chaussent avec des sandales à lanières de cuir.

Les vêtements du chef inca sont décorés de plumes ou de coquillages et richement brodés.

Une Inca.

COLLECTE DE DONNÉES

Tu as fini la lecture de la section que ton équipe t'a confiée.

1. Vérifie ce que tu as compris.

   a) Qu'est-ce que les Iroquoiens mangent et que les Algonquiens ne mangent pas ?

   b) Comment les Incas font-ils de l'agriculture dans les montagnes ?

   c) Trouve une ressemblance entre les vêtements des Algonquiens et ceux des Iroquoiens.

   d) Trouve une différence entre les vêtements des Incas et ceux des Iroquoiens.

2. Remplis ta fiche 2.1, « Renseignements intéressants ».

Les croyances et les fêtes

Les Algonquiens et la nature

Les Algonquiens croient que tous les éléments de leur environnement sont habités par un esprit. Pour eux, chaque animal, chaque plante, chaque objet est vivant.

Au début de la chasse, les Algonquiens accrochent dans leur *wigwam* l'os de la cuisse du premier castor tué. Au printemps, ils remettent cet os à l'eau, en signe d'admiration pour ce grand nageur.

Ils ont un grand respect pour la nature et pour les animaux, car ils leur permettent de se nourrir. Ils pensent que les animaux acceptent de se faire capturer. C'est pour cette raison qu'ils les remercient et qu'ils les traitent avec respect.

Les Algonquiens fêtent le premier saumon pêché au printemps. À cette occasion, le chef fait un discours. Tout le monde se réunit autour d'un grand repas et danse.

Les fêtes chez les Iroquoiens

Au début de février, les Iroquoiens préparent la grande fête de l'Hiver. Des messagers viennent dans chaque maison longue : ils éparpillent les cendres des feux pour marquer le début d'une nouvelle année. C'est le moment de faire un nouveau feu. La fête dure au moins quatre jours.

Les Iroquoiens, comme les Algonquiens, respectent la nature, car elle leur donne tout ce qu'il leur faut. Ils remercient et honorent l'Esprit de l'agriculture lors d'une cérémonie. À cette occasion, ils portent des masques en feuilles de maïs.

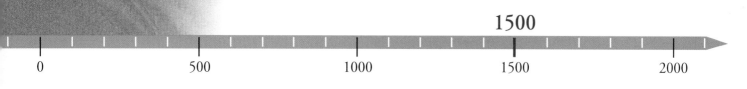
Chez les Iroquoiens, une fête spéciale annonce le départ à la guerre. Les guerriers iroquoiens dansent et font semblant de se battre entre eux. Ils montrent ainsi à l'avance leur habileté et leur courage.

Une danse avant le départ à la guerre chez les Iroquoiens.

Comme les Algonquiens, les Iroquoiens croient qu'après la mort, ils vont rejoindre leurs ancêtres dans une autre vie qui dure éternellement.

Le Soleil, le maïs et les morts chez les Incas

Comme les Iroquoiens, les Incas trouvent leurs dieux dans la nature. Ils adorent le Soleil parce qu'il leur donne la chaleur et la lumière. Ils honorent aussi la Lune, épouse du Soleil, le tonnerre et les étoiles.

Pour honorer leurs dieux, les Incas construisent des temples. Le temple du Soleil est très grand et ses murs sont recouverts d'or à l'extérieur. Le premier

Les Incas honorent le dieu Soleil dans un grand temple.

jour d'été, à midi, on célèbre la fête de ce dieu puissant : le chef des Incas prie, les musiciens jouent de la flûte et tout le monde danse.

Les Incas fêtent la plantation du premier grain de maïs. C'est leur façon à eux de marquer l'importance de cette céréale dans leur alimentation.

Les Incas croient que les morts protègent les vivants. Ils les enterrent vêtus de beaux habits, entourés d'objets précieux et de nourriture.

La plantation du premier grain de maïs chez les Incas.

COLLECTE DE DONNÉES

Tu as fini la lecture de la section que ton équipe t'a confiée.

1. Vérifie ce que tu as compris.

   a) Nomme une fête chez les Algonquiens et une fête chez les Iroquoiens.

   b) Quelle différence y a-t-il dans la manière d'honorer les dieux ou les esprits, chez les Incas et les Iroquoiens ?

   c) Quelle ressemblance importante peux-tu trouver entre les croyances des trois sociétés ?

2. Remplis ta fiche 2.1, « Renseignements intéressants ».

Les échanges

Les **Algonquiens** et les **Iroquoiens** font du troc entre eux ou avec d'autres groupes amérindiens.

Les Algonquiens, par exemple, échangent des fourrures, de la viande et du poisson séché avec d'autres bandes algonquiennes. Ils font aussi des échanges avec les Iroquoiens pour se procurer du maïs et du tabac.

Le cuivre, souvent obtenu par troc, sert à la fabrication de bijoux.

Les coquillages sont un objet de troc chez les Algonquiens et les Iroquoiens. Ils sont taillés et assemblés sous forme de bracelets ou de colliers.

Les Iroquoiens font du troc pour obtenir du cuivre et des coquillages.

C'est en voyageant que les différents groupes amérindiens se rencontrent. Les voies de communication utilisées par les Algonquiens et les Iroquoiens sont les cours d'eau et les sentiers tracés dans la forêt.

Comme les langues amérindiennes sont différentes d'une région à l'autre, il faut des interprètes pour que les différents groupes se comprennent.

Les **Incas** voyagent à travers les montagnes sur des routes en pierre. Si les Incas peuvent construire ces voies de communication, c'est parce qu'ils savent fabriquer des outils servant à briser les grosses pierres. Les routes traversent le territoire sur une distance de 2000 km et passent au-dessus de précipices grâce à des ponts suspendus.

Un chemin de pierre et un pont suspendu.

Les chemins de pierre servent entre autres à la circulation des marchandises. En effet, les Incas y transportent, à dos de lama, les poissons pêchés dans l'océan ou bien l'or, le cuivre et l'argent des mines.

Les Incas utilisent le lama pour transporter des marchandises.

COLLECTE DE DONNÉES

Tu as fini la lecture de la section que ton équipe t'a confiée.

1. Vérifie ce que tu as compris.

   a) Avec qui les Iroquoiens font-ils des échanges?

   b) Quelle ressemblance remarques-tu entre les voies de communication algonquiennes et iroquoiennes?

   c) Trouve une différence entre les voies de communication chez les Iroquoiens et les Incas.

2. Remplis ta fiche 2.1, «Renseignements intéressants».

TON PROJET

p. 132-133

1. En équipe, discutez des notes que vous avez prises sur la fiche 2.1, «Renseignements intéressants».

2. Choisissez dans quelle société votre équipe aurait aimé vivre en 1500. Parlez-en entre vous et remplissez ensemble la fiche 2.2, «Votre choix».

3. Décidez ensemble de quelle manière vous présenterez votre choix à la classe: à l'aide d'une affiche? d'une bande vidéo? d'une publicité? d'illustrations? d'une bande dessinée?

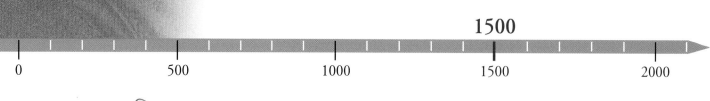

DÉCOUVERTES

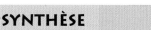

PRÉSENTATION

Chaque équipe présente à la classe son choix de société et donne clairement les deux raisons de ce choix.

SYNTHÈSE

Avec ton enseignante ou ton enseignant, fais le point sur tes nouvelles connaissances.

1. Trouve une différence :

   a) entre le territoire iroquoien et le territoire algonquien.

   b) entre le territoire iroquoien et le territoire inca.

   c) entre la société iroquoienne et la société algonquienne sur le plan de l'alimentation. Quelle est la cause de cette différence ?

   d) entre la société iroquoienne et la société inca sur le plan de l'habitation. Quelle est la cause de cette différence ?

2. Tu as découvert que les Incas voyagent sur des routes en pierre et que les Iroquoiens se déplacent sur des sentiers ou des rivières. Comment expliques-tu une telle différence dans les voies de communication ?

3. a) Trouve une ressemblance entre la société algonquienne et la société iroquoienne.

   b) Trouve une ressemblance entre la société iroquoienne et la société inca.

   c) Trouve une force et une faiblesse pour chacune des trois sociétés. Explique ton choix.

p. 132-133

BILAN

1. Comment as-tu participé au travail de coopération dans ton équipe ?

2. Dans la boîte à outils, qu'est-ce qui t'a été le plus utile pour coopérer ?

3. Parmi les activités de coopération reliées à ce projet, trouve une tâche que tu as trouvée difficile.

   - Accomplir la part de travail que ton équipe t'a confiée.
   - Donner un compte rendu de lecture à ton équipe.
   - Justifier ton opinion.
   - Discuter pour prendre une décision.

Portrait de la Nouvelle-France

Une société française vers 1645

Des traces de

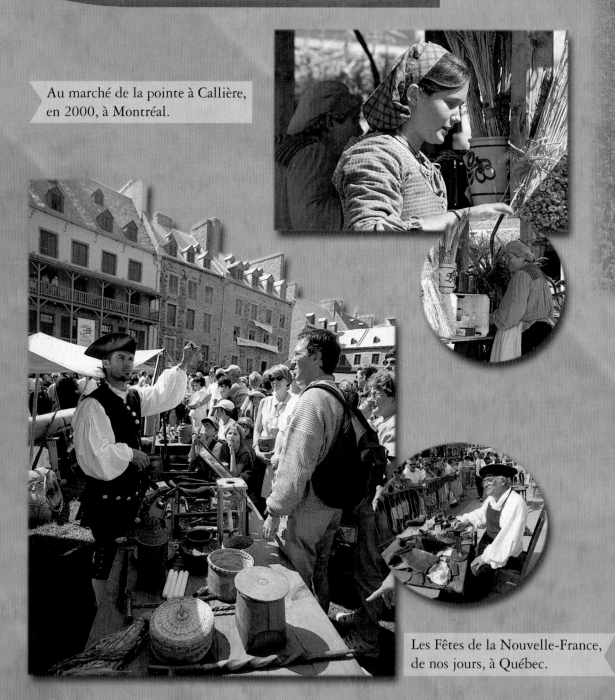

Au marché de la pointe à Callière, en 2000, à Montréal.

Les Fêtes de la Nouvelle-France, de nos jours, à Québec.

la Nouvelle-France

aujourd'hui

Une maison construite vers 1800.

La Fête nationale de la Saint-Jean, telle qu'on la célèbre de nos jours à Montréal.

Dans les musées

L'Habitation de Québec dessinée par Champlain vers 1608.

Une pièce de monnaie (vers 1670).

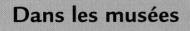

Une lampe à huile (vers 1645).

Un pot à pharmacie (vers 1700).

Une statuette religieuse (vers 1700).

SUR LA PISTE Les débuts d'une aventure

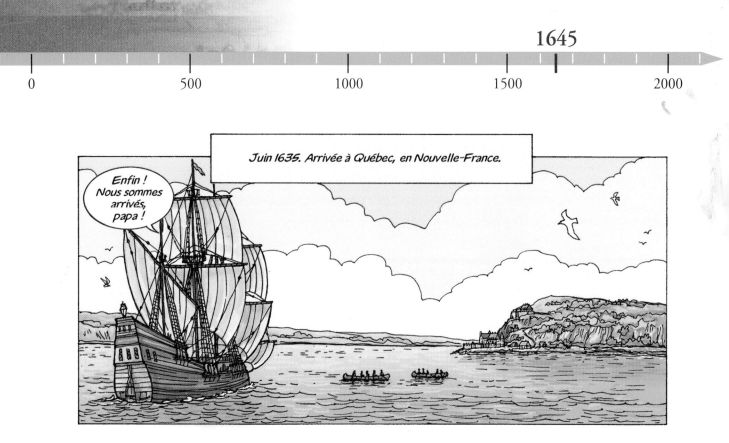

Juin 1635. Arrivée à Québec, en Nouvelle-France.

Enfin ! Nous sommes arrivés, papa !

C'est ainsi que la famille de Pierre Boucher, comme d'autres Français, a quitté la France pour venir s'installer en Nouvelle-France.

Consulte la capsule « Une colonie française » à la page 85.

1. Selon toi, pourquoi Pierre, sa famille et les gens qui étaient avec eux sur le bateau sont-ils venus en Nouvelle-France ?

2. Pourquoi la Compagnie des Cent-Associés recherchait-elle des colons pour aller vivre en Nouvelle-France ?

3. Qu'est-ce que Pierre et sa famille ont emporté avec eux de France ?

4. Est-ce qu'il y a beaucoup de maisons quand Pierre et sa famille débarquent en Nouvelle-France ? Pourquoi ?

D'après toi, à quoi ressemble la Nouvelle-France où Pierre Boucher et sa famille vont vivre ?

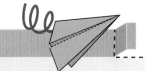

TON PROJET   **Un album à créer**

Tu vas lire le texte intitulé « Aventure en Nouvelle-France ». Tu y trouveras des informations sur la vie en Nouvelle-France vers 1645. Ensuite, tu réaliseras une page de l'album de la Nouvelle-France pour présenter tes trouvailles.

ENQUÊTE

1. Observe la carte de la Nouvelle-France. C'est sur ce territoire que les colons français vivent.

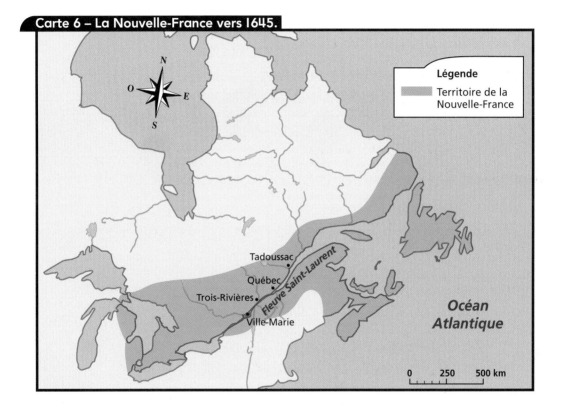

Carte 6 – La Nouvelle-France vers 1645.

Légende
Territoire de la Nouvelle-France

Tadoussac
Québec
Trois-Rivières
Ville-Marie
Fleuve Saint-Laurent

Océan Atlantique

0   250   500 km

2. Procure-toi la fiche 3.1, « Collecte de données ». Cette fiche t'aidera à relever des renseignements sur les éléments qui devront se trouver dans l'album.

3. Lis le texte « Aventure en Nouvelle-France », selon les instructions de ton enseignante ou ton enseignant. Le texte est divisé en cinq parties.

4. À la fin de chaque partie, réponds aux questions et complète ta fiche 3.1, « Collecte de données ».

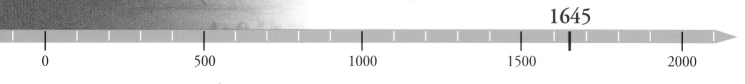

Aventure en Nouvelle-France

Dix scènes inspirées de la vie de Pierre Boucher.

Les scènes sont regroupées en cinq grandes parties.
Le tableau suivant indique à quelle page commence
chaque scène.

Les colons s'installent

SCÈNE 1 **À table !**

PERSONNAGES

La famille Boucher

GASPARD, le père
NICOLE, la mère
PIERRE, le fils aîné
NICOLAS, le petit frère de Pierre
MARIE, l'une des trois filles

LE NARRATEUR

Nous sommes en 1636. Gaspard Boucher, sa femme Nicole et leurs cinq enfants sont réunis autour de la table pour le repas. Pierre a 14 ans. Au centre de la table, il y a des plats et un gros bol de fraises des champs, ramassées autour de la maison. Toute la famille est en prière, les mains jointes.

La famille Boucher est réunie autour de la table.

GASPARD

Seigneur Dieu, bénissez le repas que nous allons prendre.

TOUS

Amen !

MARIE

Oh ! les fraises ont l'air délicieuses…

NICOLE

Avant de manger les fraises, finis d'abord ton pain et ton morceau de lièvre.

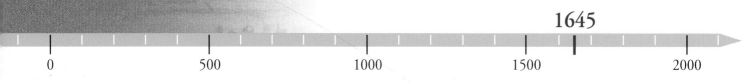
PIERRE

J'ai très faim, moi. Nous avons travaillé fort.
Couper et transporter du bois creusent l'appétit!

NICOLAS

Tu sais, maman, nous avons aidé papa dans
son travail de menuisier: nous l'avons aidé
à construire une maison et à fabriquer
des meubles.

NICOLE

Que de travail depuis notre arrivée
en Nouvelle-France! Il y a tellement
de forêts, ici! Nous avons coupé des arbres,
puis construit notre maison de bois;
nous avons défriché et commencé à cultiver
la terre...

Des outils de menuisier.
❶Un rabot. ❷Une cognée.
❸Une herminette. ❹Un maillet.

GASPARD

Rappelez-vous: au début, nous n'avions pas
de maison. Nous avons demeuré avec tous les autres
dans l'Habitation de monsieur de Champlain à Québec.

NICOLE

Et maintenant, nous voilà installés sur une terre fertile
près de Québec, et dans une maison bien à nous!

Québec, vers 1636.

SCÈNE 2 — *Au jeu!*

PERSONNAGES
NICOLAS, le petit frère de Pierre
AMI 1, AMI 2, AMI 3
PIERRE, le fils aîné des Boucher

LE NARRATEUR

Après avoir aidé leurs parents toute la journée, les enfants se retrouvent pour jouer. Les amis de Pierre Boucher l'attendent pour une partie de billes. Nicolas, le petit frère de Pierre, est avec eux.

AMI 1

Mais qu'est-ce qu'il fait, ton frère Pierre? J'ai hâte de jouer aux billes, moi!

AMI 2

On ne peut pas jouer s'il n'est pas là… Est-ce qu'il travaille avec ton père, aujourd'hui?

NICOLAS

Je ne sais pas.

AMI 3

Un bateau est arrivé de France, hier… Est-ce que Pierre est allé avec ton père à Québec chercher des marchandises?

NICOLAS

Je ne sais pas.

AMI 1

Tu ne sais rien, toi!

NICOLAS

Je sais plein de choses. Par exemple, je sais ce qu'est le catéchisme. Vous, le savez-vous?

AMI 2

Évidemment! Et toi, si tu le sais, dis-le donc!

NICOLAS

C'est l'ensemble des règles de la religion catholique.
Nous sommes Français, et la religion catholique, c'est
important pour nous.

AMI 1

Et qui t'a appris ce qu'est le catéchisme ?

NICOLAS

Mon grand frère Pierre. Il nous fait réciter le catéchisme
à mes sœurs et à moi. Il sait lire, aussi. Mon frère Pierre,
il sait plein de choses !

(Pierre arrive en courant.)

PIERRE

Alors, les amis ? On joue, maintenant ?

La chapelle Notre-Dame-de-la-Recouvrance a été
construite en 1633. L'Habitation de monsieur de
Champlain comprenait déjà une chapelle.

COLLECTE DE DONNÉES

Tu as pris connaissance de certains éléments d'information
sur la Nouvelle-France. Réponds aux questions suivantes,
puis complète le texte intitulé *Les colons s'installent* sur
ta fiche 3.1, « Collecte de données ».

1. Qu'est-ce qui montre que la religion catholique est la religion
    pratiquée par les colons de la Nouvelle-France ? Trouve
    des indices dans le texte et dans les illustrations.

2. Quelle langue les colons parlent-ils ?

3. Quel est le métier de Gaspard Boucher ? Pourquoi ce métier
    est-il important en Nouvelle-France, à cette époque ?

4. Quel matériau les colons utilisent-ils pour construire
    les maisons en Nouvelle-France ? Pourquoi ?

2e partie

Avec les missionnaires

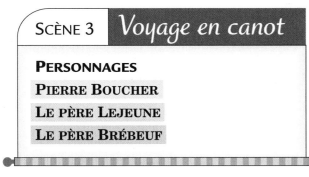

SCÈNE 3 | *Voyage en canot*

PERSONNAGES

PIERRE BOUCHER

LE PÈRE LEJEUNE

LE PÈRE BRÉBEUF

LE NARRATEUR

Nous sommes en 1637. Pierre Boucher a 15 ans. Il vient de signer un contrat de cinq ans avec des missionnaires jésuites. Il accompagne deux missionnaires et leurs guides hurons dans un voyage pour évangéliser les Amérindiens. Ils sont dans un canot sur le fleuve Saint-Laurent. Ils ont déjà dépassé Québec.

PIERRE

Où allons-nous, mon père? Arrivons-nous bientôt?

PÈRE LEJEUNE

Nous allons d'abord chez les Algonquins. Ensuite, nous visiterons les Hurons.

PIERRE

J'ai hâte de vivre parmi eux. Et de mieux connaître leurs langues: je veux devenir interprète.

PÈRE BRÉBEUF

C'est un beau métier. Je suis certain que tu seras excellent.

Les missionnaires voyagent en canot, car c'est le moyen de transport le plus adapté au territoire.

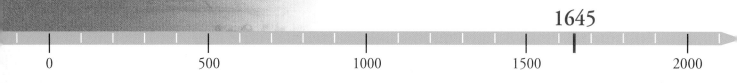
PÈRE LEJEUNE

Et j'espère que tu seras un bon intermédiaire entre les Français et les Amérindiens.

PIERRE

On m'a dit qu'il y a souvent des guerres entre les groupes d'Amérindiens. Pourquoi?

PÈRE LEJEUNE

C'est difficile à dire, car il y en a toujours eu. Mais il y a plus de conflits depuis que les compagnies font le commerce des fourrures. L'échange de marchandises avec les Français a augmenté la rivalité entre les groupes d'Amérindiens.

PIERRE

Moi, je discuterai avec eux! Je les encouragerai à faire la paix!

PÈRE BRÉBEUF

C'est bien beau, la paix pour le commerce des fourrures, jeune homme, mais n'oublie pas que notre mission est de faire connaître notre religion catholique.

Dans les rapides, l'eau coule très vite et fait des tourbillons.

(Le canot tangue dangereusement.)

PÈRE LEJEUNE

Attention! Rapides à l'horizon! Père Brébeuf, cessez de gesticuler et agrippez-vous! Le courant nous emporte! Attention! Il faut accoster rapidement!

PÈRE BRÉBEUF

Maintenant, nous devons faire du portage dans la forêt. Suivons les sentiers tracés par les Amérindiens. Nous allons rejoindre un lac qui nous mènera vers le village algonquin.

Faire du portage, c'est transporter à pied le canot et les bagages pour contourner des rapides dangereux.

Escale à Trois-Rivières

PERSONNAGES

PIERRE BOUCHER

LE RESPONSABLE DU POSTE DE TRAITE

JEAN, un coureur des bois, blessé au pied

ZACHARIE, un coureur des bois

LE NARRATEUR

Nous sommes maintenant en 1641. Pierre Boucher a 19 ans.
Il est en visite au poste de traite de Trois-Rivières. C'est
monsieur De Laviolette qui a fondé ce poste en 1634. Celui-ci
travaillait déjà dans le commerce de la fourrure quand Samuel
de Champlain l'a désigné pour prendre la direction du poste
de Trois-Rivières. C'est avec quelques soldats que monsieur
De Laviolette a construit la première palissade.

LE RESPONSABLE DU POSTE DE TRAITE

Alors, monsieur Boucher? Comment trouvez-
vous le poste de traite de Trois-Rivières?

Le poste de traite de Trois-Rivières,
vers 1641. C'est ici que le
commerce des fourrures se fait.

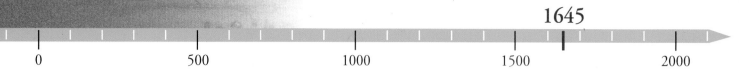
PIERRE

Il est très bien situé, juste au confluent du fleuve Saint-Laurent et de la rivière Saint-Maurice. On ne pouvait faire mieux : au point de rencontre de deux cours d'eau importants !

Consulte la capsule «Lacs et rivières» à la page 87.

LE RESPONSABLE DU POSTE DE TRAITE

Oui. C'est un endroit bien choisi pour le commerce des fourrures. Il y a beaucoup d'Amérindiens et de Français qui viennent ici en canot pour échanger leurs fourrures. Le troc nous occupe beaucoup.

(Deux coureurs des bois, Jean et Zacharie, entrent. Jean boite. Zacharie l'aide du mieux qu'il peut.)

JEAN

Ouch ! J'ai mal !

LE RESPONSABLE DU POSTE DE TRAITE

Oh ! Voici justement deux coureurs des bois. Ils m'apportent des peaux de castor, de loutre et d'orignal. Monsieur Boucher, je vous présente Jean et Zacharie.

JEAN

Bonjour !

Le confluent du fleuve Saint-Laurent et de la rivière Saint-Maurice.

ZACHARIE

C'est donc vous, monsieur Boucher ? J'ai entendu parler de vous. Je sais que vous avez vécu chez les Amérindiens et que vous parlez leurs langues.

JEAN

Nous aussi, nous avons appris les langues amérindiennes. C'est nécessaire pour pouvoir faire du troc avec les Amérindiens.

ZACHARIE

Vous savez, monsieur Boucher, en parcourant les forêts et les cours d'eau, nous sommes déjà allés assez loin vers le nord. Là, à cause du grand froid, les fourrures sont plus belles et plus épaisses.

JEAN

Mais c'est très fatigant de se déplacer dans la neige, même avec des raquettes.

ZACHARIE

Même si c'est fatigant, nous, nous aimons changer de place ! Nous vivons comme des nomades alors que les colons, eux, sont sédentaires : ils s'installent sur une terre et cultivent le sol.

PIERRE *(regardant la blessure de Jean)*

Je vois que vous avez choisi un métier plein de dangers.

JEAN

Euh ! Ma blessure n'a aucun rapport avec les risques de notre métier. Ouch ! Dis-lui, Zacharie…

ZACHARIE

Monsieur Boucher, Jean s'est blessé en sortant du canot. Il était si excité d'arriver au poste de traite qu'il a glissé sur une roche.

JEAN

C'est un accident stupide. Heureusement que Zacharie sait quelle plante utiliser pour soigner ce genre de plaie ! Ce sont des Amérindiens qui lui ont appris comment utiliser les plantes qu'on trouve ici.

Un coureur des bois.

COLLECTE DE DONNÉES

Tu connais maintenant de nouveaux éléments d'information sur la Nouvelle-France. Réponds aux questions suivantes, puis complète le texte intitulé *Avec les missionnaires* sur ta fiche 3.1, « Collecte de données ».

1. Quels sont les métiers qui sont pratiqués en Nouvelle-France ?

2. Quel cours d'eau passe devant Québec ? Pourquoi ce cours d'eau est-il important ?

3. Quels sont les moyens de transport utilisés ? Pourquoi ?

4. Pierre Boucher dit que le poste de traite de Trois-Rivières est bien situé. Pourquoi ? Donne une raison.

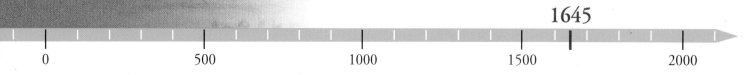
3e partie
À Québec

rue des Roches

rue Notre-Dame

| SCÈNE 5 | *Les retrouvailles* |

PERSONNAGES

PIERRE BOUCHER

GASPARD, son père

NICOLE, sa mère

MADELEINE et **MARGUERITE,** ses sœurs

Québec, vers 1642.

LE NARRATEUR

Pierre Boucher est revenu chez ses parents, près de Québec. Son contrat avec les Jésuites est maintenant terminé. Nous sommes en 1642 et Pierre a 20 ans. C'est justement la veille de la fête de la Saint-Jean.

PIERRE

Je suis tellement heureux de vous retrouver tous en bonne santé!

NICOLE

Nous aussi, mon Pierre, nous sommes heureux… et nous sommes fiers de toi : il en faut, de la résistance et de la bravoure, pour revenir sain et sauf de tous ces voyages !

GASPARD

L'hiver est une saison vraiment pénible ! Il est long, froid et rend les voyages difficiles. Il y a tant de neige ! Heureusement que nous utilisons les raquettes comme les Amérindiens. Oh ! et puis, ne nous plaignons pas, nous sommes entourés d'une forêt immense ; nous avons tout le bois nécessaire pour chauffer la maison durant les grands froids.

NICOLE

Grâce à Dieu, avec nos réserves d'aliments, nous avons réussi à nourrir toute la maisonnée durant ces longs mois d'hiver.

PIERRE

Oublions l'hiver ! L'été est enfin arrivé ! Et demain, c'est la fête !

MARGUERITE

Oui, j'ai hâte ! Pierre, as-tu vu, en arrivant à Québec ? As-tu vu ?

PIERRE

Vu quoi ?

MARGUERITE

Il y a maintenant plusieurs sentiers qui montent vers le fort Saint-Louis.

MADELEINE

Et deux rues ont reçu leur nom officiel.

PIERRE

C'est vrai ? Et comment les a-t-on appelées ?

L'hiver est une saison difficile pour les colons.

MADELEINE

La rue Notre-Dame et la rue des Roches.

MARGUERITE

Et papa a travaillé fort! Il a construit plusieurs maisons. Nous sommes maintenant près de 1000 personnes dans la colonie.

MADELEINE

Je me suis ennuyée de toi, Pierre. Est-ce que tu reviens vivre avec nous pour toujours?

PIERRE

Consulte la capsule «La naissance des villes» à la page 89.

Hélas! non, ma chère petite sœur. Comme je connais les langues amérindiennes, j'accompagne bientôt monsieur de Maisonneuve et Jeanne Mance. Je serai leur interprète. Ils doivent fonder un établissement consacré à la Vierge Marie près du mont Royal. La Nouvelle-France comptera donc une ville de plus en 1642!

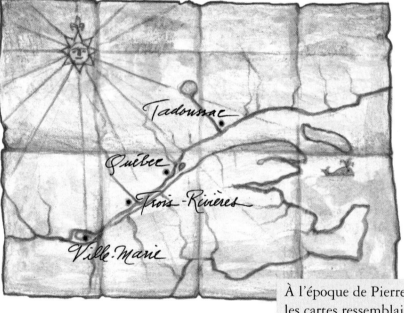

À l'époque de Pierre Boucher, les cartes ressemblaient à celle-ci.

MARGUERITE

La nouvelle ville va s'appeler Marie?

PIERRE

Non, Ville-Marie! En attendant de repartir, je suis avec vous pour célébrer la Saint-Jean. Allons préparer la fête!

SCÈNE 6 — *La fête de la Saint-Jean*

PERSONNAGES

PIERRE BOUCHER

NICOLE, sa mère

La famille

Des amis

LE NARRATEUR

Pierre, sa famille et des amis de la colonie sont réunis au bord du fleuve pour célébrer la fête de la Saint-Jean, comme cela se faisait en France. Le curé a béni le feu de joie qu'on vient d'allumer. On a installé des tables dehors. Il y a de bonnes choses à manger.

NICOLE

Remercions Dieu pour cette belle journée! C'est une des plus longues de l'année!

TOUS

Vive la Saint-Jean!

NICOLE

Il a fait si bon aujourd'hui… Après l'hiver, quel bonheur de retrouver la chaleur du soleil!

PIERRE

Fêtons tous ensemble l'arrivée de l'été, de la lumière et du soleil!

TOUS

Hourra!

Le feu de la Saint-Jean.

PIERRE

Chantons pour notre mère-patrie, la France !

TOUS

Vive la France ! Vive la Nouvelle-France !

PIERRE

Maintenant, mangeons et dansons tous autour du feu !

TOUS

Vive la Saint-Jean ! Vive l'été !

COLLECTE DE DONNÉES

Tu as pris connaissance de nouveaux éléments d'information sur la Nouvelle-France. Réponds maintenant aux questions suivantes, puis complète le texte intitulé *À Québec* sur ta fiche 3.1, « Collecte de données ».

1. Pourquoi l'hiver est-il une saison pénible pour les colons français ?

2. Comment les colons s'adaptent-ils à ce climat ?

3. Combien y a-t-il d'habitants d'origine française en Nouvelle-France à cette époque ?

4. Quelles sont les villes qui existent alors en Nouvelle-France ?

5. Comment célèbre-t-on la Saint-Jean en Nouvelle-France ?

4e partie

À Trois-Rivières

| SCÈNE 7 | *Au poste de traite de Trois-Rivières* |

PERSONNAGES

PIERRE BOUCHER

Trois Amérindiens : **ATICHASATA**

PATSCHTINI

PIESKARET

LE NARRATEUR

Deux années ont passé. Nous sommes en 1644. Pierre Boucher a maintenant 22 ans et il vit à Trois-Rivières. Il est employé au poste de traite. Il s'occupe du troc avec les Amérindiens et les coureurs des bois.

PIERRE

Vous êtes courageux de voyager aujourd'hui. Il vente depuis des jours et des jours. Le vent vient du nord-est.

ATICHASATA

Oui. Il y a de grosses vagues sur le fleuve.

Pierre Boucher au travail dans le poste de traite de Trois-Rivières.

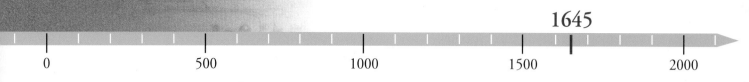
PIERRE

Vous avez de bien belles fourrures! Combien en avez-vous?

PATSCHTINI

Nous en avons trois canots pleins. Nous avons surtout des peaux de castor.

PIESKARET

Mais nous avons aussi des peaux de caribou, d'orignal et de renard.

PIERRE

Si elles sont aussi belles que celles-ci, je les prends toutes. Que voulez-vous, en échange de vos peaux?

ATICHASATA

Nous voulons des fusils et des couteaux.

PIESKARET

Nous voulons aussi des chaudrons, des couvertures et du tissu.

PIERRE

Désolé, je n'ai plus de tissu. Il faudra attendre le prochain bateau de France pour en avoir.

PATSCHTINI

Alors, nous prendrons plus de couvertures.

PIERRE

D'accord, comme vous voulez!

Les échanges de marchandises entre Amérindiens et Français

Des fourrures contre...	des objets utiles
1 peau de castor	8 couteaux ou 2 haches
2 peaux de castor	1 manteau avec capuche, de taille moyenne
3 peaux de castor	1 grand manteau avec capuche
4 ou 5 peaux de castor	1 couverture de bonne qualité
6 peaux de castor	1 fusil

SCÈNE 8 — *Le temps des fêtes*

PERSONNAGES

PIERRE BOUCHER

GASPARD, son père

NICOLE, sa mère

NICOLAS, son frère

MARIE,

MARGUERITE,

MADELEINE, ses sœurs

NIÈCE (4 ans, fille de Marie)

La soirée du Nouvel An chez Pierre Boucher.

LE NARRATEUR

Nous sommes en 1645. Pierre Boucher a maintenant 23 ans. Ses parents sont venus s'installer près de chez lui, à Trois-Rivières. À l'occasion des fêtes de Noël, du Nouvel An et des Rois, Pierre reçoit toute sa famille. Aujourd'hui, ils sont tous réunis dans la pièce commune, où brûle un feu dans la cheminée. Gaspard, le père de Pierre, vient de bénir toute la famille, comme c'est la coutume au Nouvel An.

PIERRE

Merci, père. Et merci à vous tous d'être ici, chez moi, pour le Nouvel An. Quel beau moment nous avons eu ensemble à Noël, n'est-ce pas!

MARGUERITE

C'était une très belle fête… même si Nicolas et Madeleine ont faussé quand nous avons chanté les cantiques de Noël au retour de la messe de minuit.

MADELEINE

Je sais, hélas, que je chante mal, mais avouez que je cuisine plutôt bien.

GASPARD

Ta tourtière est presque aussi bonne que celle de ta mère!

NIÈCE

Maman, maman! Je peux avoir d'autres prunes séchées? Elles sont si bonnes!

MARIE

Moi aussi, j'en reprendrais bien. Nous sommes tellement chanceux de pouvoir manger des fruits pour les fêtes.

GASPARD

Remercions Dieu de pouvoir être tous ensemble, bien au chaud.

NICOLAS

Dans une semaine, c'est la fête des Rois!

NICOLE

Comme à chaque année pour cette occasion, attendez-vous à un immense gâteau! Et, comme d'habitude, je vais utiliser la recette qui vient de ma mère.

MARIE

Et dans le gâteau, tu vas cacher un pois et une fève.

PIERRE

Ceux qui les trouveront seront couronnés roi et reine pour la journée.

NIÈCE

Bravo! Je veux être la reine! Tout de suite!

La bénédiction paternelle, le soir du Nouvel An.

COLLECTE DE DONNÉES

Tu as pris connaissance de nouveaux éléments d'information sur la Nouvelle-France. Réponds aux questions suivantes, puis complète le texte intitulé *À Trois-Rivières* sur ta fiche 3.1, «Collecte de données».

1. Comment s'appelle la façon de faire des échanges de marchandises? Explique comment procédaient les Français et les Amérindiens.

2. Compare les fêtes qu'on célébrait en Nouvelle-France vers 1645 avec celles qu'on célèbre aujourd'hui.

5e partie

La vie à Trois-Rivières

| SCÈNE 9 | *Le mariage de Pierre Boucher* |

PERSONNAGES

PIERRE BOUCHER

NICOLAS, son frère

GASPARD, son père

JEANNE, la femme de Pierre

Le mariage de
Pierre Boucher et
Jeanne Crevier
à Trois-Rivières.

LE NARRATEUR

Nous sommes en 1652, à Trois-Rivières. Pierre Boucher a 30 ans maintenant. On fête son mariage avec Jeanne Crevier. Un peu plus tôt, ils ont été mariés dans la chapelle de Trois-Rivières par le père Lalemand.

NICOLAS

Mon vieux frère! Tu as enfin trouvé une épouse! Te voilà marié, à 30 ans, et prêt à fonder une famille! Ça t'en a pris, du temps!

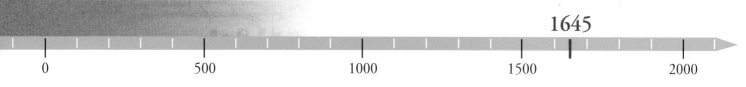

PIERRE

Que veux-tu, il y a si peu de femmes dans la colonie… C'est vrai que la Compagnie des Cent-Associés a surtout besoin d'hommes pour faire le commerce des fourrures et pour défricher.

NICOLAS

Oui, nous les hommes, nous sommes beaucoup plus nombreux que les femmes dans la colonie. En fait, pour le moment, il y a très peu de familles.

PIERRE

Assez parlé! Voilà ma nouvelle femme qui arrive!

JEANNE

Qu'est-ce que vous faites? Je veux danser, moi!

NICOLAS

Viens, je vais danser avec toi!

JEANNE

Ah! Je suis désolée, Nicolas, mais la première danse est pour mon Pierre. Ne sois pas déçu. Ton tour viendra! Promis!

NICOLAS

Je l'espère bien! La fête ne fait que commencer, ma chère belle-sœur!

GASPARD

Allez-y, mes enfants! Je suis heureux que les traditions françaises ne se perdent pas: un mariage doit se fêter plusieurs jours de suite. Dansons, chantons et mangeons en l'honneur des mariés!

Pierre Boucher, gouverneur de Trois-Rivières

PERSONNAGES

PIERRE BOUCHER

JEANNE, sa femme

LE NARRATEUR

En 1654, Pierre Boucher est nommé gouverneur de Trois-Rivières par le gouverneur de la Nouvelle-France. Son rôle principal est d'assurer la sécurité de tous les colons. À cette époque, les Français sont en guerre contre les Iroquois. Pour défendre la ville et sa population, on érige une palissade tout autour de la ville. Une troupe d'hommes a été formée pour monter la garde et riposter en cas d'attaque.

C'est le gouverneur qui prend les décisions concernant la guerre et la sécurité. Il s'occupe aussi des questions de commerce, principalement le commerce des fourrures qui se fait au poste de traite.

PIERRE

J'ai eu une dure journée, aujourd'hui !

Trois-Rivières, vers 1654.

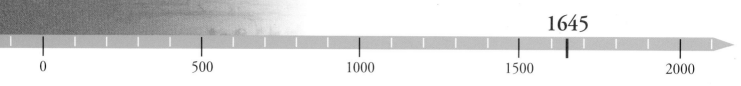
JEANNE

Tu as parlementé longuement avec les Iroquois, n'est-ce pas?

PIERRE

Oui! Ils sont de très habiles orateurs; c'est une de leurs grandes forces! Le commerce des fourrures est une bonne affaire pour la colonie, mais c'est une source de conflits. Les Hurons et les Iroquois se font la guerre depuis longtemps. On ne sait pas vraiment pourquoi ils sont ennemis. Chose certaine, l'entente que nous, les Français, avons signée avec les Hurons pour obtenir des fourrures n'a pas arrangé les choses: les conflits se sont aggravés entre les deux peuples. En faisant alliance avec les Hurons, nous sommes devenus des ennemis pour les Iroquois. C'est une des causes de la guerre actuelle.

JEANNE

La situation est inquiétante: il faut prendre son fusil pour aller travailler aux champs, par crainte de se faire attaquer.

PIERRE

Oui, c'est vrai, mais je pense que les Iroquois souhaitent eux aussi arriver à une entente. Je suis certain que nous trouverons ensemble un compromis.

JEANNE

Je prie tous les jours pour la paix!

COLLECTE DE DONNÉES

Tu as pris connaissance de nouveaux éléments d'information sur la Nouvelle-France. Réponds aux questions suivantes, puis complète le texte intitulé *La vie à Trois-Rivières* sur ta fiche 3.1, « Collecte de données ».

1. Pourquoi les hommes sont-ils plus nombreux que les femmes dans la colonie ?

2. Comment célébrait-on les mariages en Nouvelle-France, vers 1645 ?

3. Pourquoi les Iroquois font-ils la guerre aux Français et aux Hurons à cette époque ?

4. Quels effets ces guerres ont-elles sur le territoire de la Nouvelle-France et sur les gens qui y vivent ?

TON PROJET

1. Choisis un sujet qui t'intéresse dans la liste que ton enseignante ou ton enseignant te fournit.

2. Utilise ta fiche 3.2, « Préparation de la page d'album », pour planifier ton travail.

3. Prépare la page d'album dont tu es responsable.

p. 130

4. Utilise l'ordinateur pour réaliser ta page d'album.

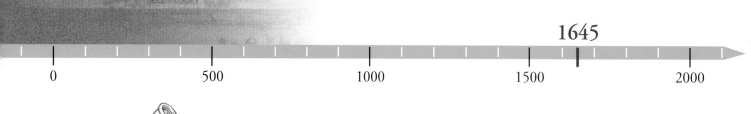

DÉCOUVERTES

PRÉSENTATION

1. Présente ta page à la classe en lisant ton commentaire.

2. Ensemble, discutez de la façon de construire l'album. Choisissez l'endroit où le placer, pour le consulter.

SYNTHÈSE

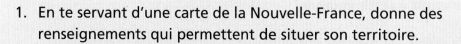

1. En te servant d'une carte de la Nouvelle-France, donne des renseignements qui permettent de situer son territoire.

2. Comment les colons français se sont-ils adaptés aux conditions de vie en Nouvelle-France ?

3. Comment les colons français ont-ils transformé le territoire ? Qu'est-ce qu'ils ont modifié dans l'environnement pour mieux s'adapter ?

4. Quelles traces de la société française qui vivait en Nouvelle-France vers 1645 peut-on retrouver dans notre société, aujourd'hui ?

BILAN

p. 130

1. Comment as-tu utilisé l'ordinateur pour réaliser ton projet ? Quelles sont tes réussites ? Quelles sont tes difficultés ?

2. Dans le projet que tu viens de vivre, quelle étape a été la plus importante, selon toi ? Explique ta réponse.
   - Bien me préparer.
   - Réaliser ma page d'album.
   - Faire un retour sur mon travail afin de m'améliorer.

Une colonie française

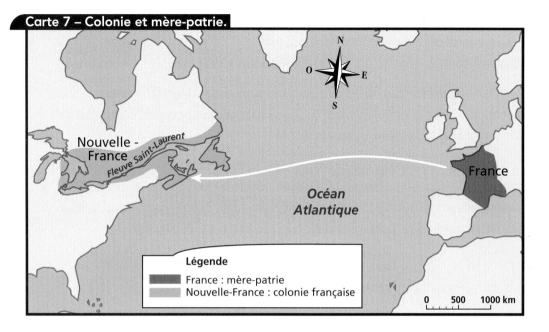

Carte 7 – Colonie et mère-patrie.

Légende
France : mère-patrie
Nouvelle-France : colonie française

La Nouvelle-France, colonie française en Amérique du Nord

En 1645, la Nouvelle-France était une colonie française. Cela veut dire qu'elle appartenait à la France, même si elle se trouvait de l'autre côté de l'océan Atlantique.

Une centaine d'années plus tôt, en 1534, un explorateur français nommé Jacques Cartier avait traversé l'océan Atlantique pour finalement atteindre la pointe est de la Gaspésie. Pour montrer qu'il prenait possession du territoire au nom du roi de France, il avait planté une croix à Gaspé. Ce territoire avait été nommé Canada.

La France, mère-patrie

La colonie de la Nouvelle-France dépendait de la France, qui était sa mère-patrie. Cela veut dire que la France décidait presque tout pour sa colonie : elle organisait le gouvernement et la justice ; elle fournissait aux colons les produits dont ils avaient besoin. Des bateaux venus de France apportaient donc du blé, de la farine, des outils, etc., en attendant que la colonie produise elle-même ces produits.

Pour assurer le développement de la Nouvelle-France, le roi de France a chargé la Compagnie des Cent-Associés de développer le commerce. À l'époque de Pierre Boucher, le commerce des fourrures était très important. La Compagnie se chargeait aussi d'envoyer des colons en Nouvelle-France pour peupler la colonie.

Pour s'assurer que le nouveau territoire était bien gouverné, le roi de France nommait dans la colonie un responsable qui parlait en son nom : c'était le gouverneur.

Des religieux venus de France veillaient à faire respecter la religion catholique dans la colonie. Certains d'entre eux, les missionnaires, s'occupaient d'évangéliser les Amérindiens. Cela signifie qu'ils leur enseignaient la religion catholique.

Des colons français en Amérique du Nord

Les gens qui quittaient leur pays pour aller s'établir ailleurs étaient appelés des colons, car ils partaient habiter dans une colonie. On dit des colons de la Nouvelle-France que c'étaient des colons français parce qu'ils venaient de France.

Lorsqu'ils arrivaient en Nouvelle-France, les colons recevaient une terre. Ils devaient s'installer, défricher le sol et fonder une famille.

Le lien entre la France et la Nouvelle-France

Vérifie si tu as bien compris le lien entre la France et la Nouvelle-France en répondant aux questions suivantes.

1. Pourquoi dit-on de la Nouvelle-France qu'elle était une colonie française ?

2. Comment appelait-on la France, par rapport à sa colonie, la Nouvelle-France ?

3. Que faisait la France pour développer sa colonie ?

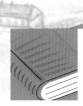

Lacs et rivières

Un territoire de lacs et de rivières

Regarde attentivement la carte ci-dessous.
C'est difficile de compter les rivières et les lacs tellement
ils sont nombreux, n'est-ce pas?

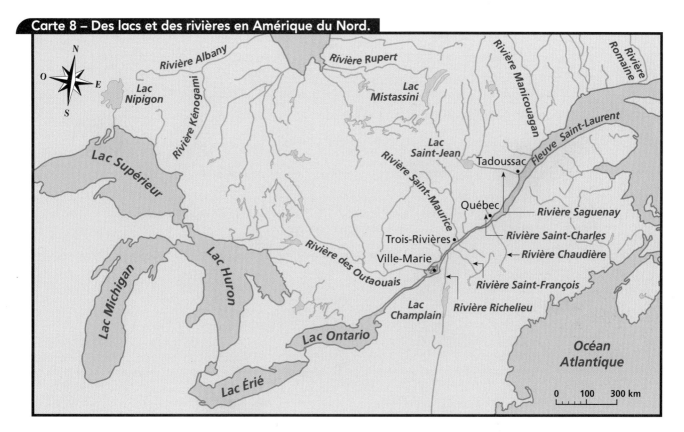

Carte 8 – Des lacs et des rivières en Amérique du Nord.

En Nouvelle-France, les lacs et les rivières sont des voies
de communication importantes, car ils permettent de se déplacer
en canot, en l'absence de routes.

Ils sont souvent reliés les uns aux autres, ce qui permet de parcourir
de grandes distances et de se rendre presque partout.

Cependant, à cause du gel, on ne peut pas naviguer sur les cours
d'eau en hiver. De plus, les chutes et les rapides représentent des
obstacles qu'on ne peut pas franchir. Une chute est la partie d'un cours
d'eau où l'eau tombe d'une certaine hauteur. Un rapide est la partie
d'un cours d'eau où le courant est très fort et agité de tourbillons.

Se déplacer en canot

1. Imagine que tu accompagnes un explorateur dans une expédition en canot. L'expédition part du point **A** et doit se rendre au point **B** en respectant le trajet suivant. Suis ce trajet avec ton doigt sur le dessin.

   Naviguer sur un fleuve **1**, remonter une rivière **2**, puis traverser un lac **3**. Emprunter une autre rivière **2**. Franchir une chute **4** en faisant du <u>portage</u>. Remettre le canot à l'eau pour remonter encore la rivière et arriver finalement au confluent **5**.

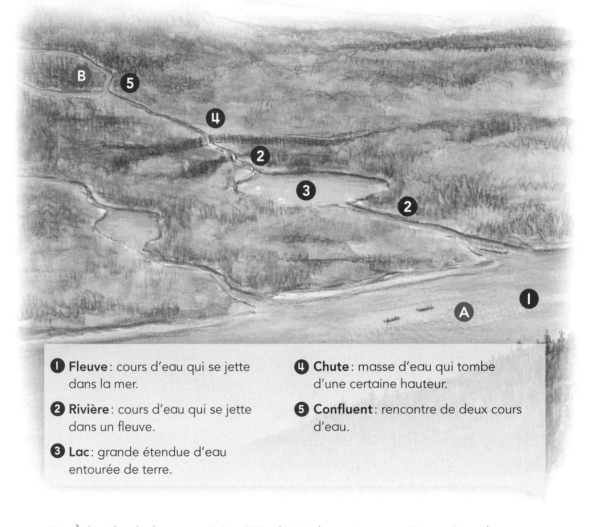

   1 Fleuve : cours d'eau qui se jette dans la mer.

   2 Rivière : cours d'eau qui se jette dans un fleuve.

   3 Lac : grande étendue d'eau entourée de terre.

   4 Chute : masse d'eau qui tombe d'une certaine hauteur.

   5 Confluent : rencontre de deux cours d'eau.

2. À l'aide de la carte 8 (p. 87), décris le trajet que Pierre Boucher pourrait emprunter pour se rendre du lac Champlain à la rivière Saguenay.

La naissance des villes

Le peuplement de la Nouvelle-France par les Français ne s'est pas fait immédiatement après la venue de Jacques Cartier. En 1600, un militaire français, Pierre de Chauvin, fonde Tadoussac. C'est le premier établissement permanent en Nouvelle-France.

Le fleuve Saint-Laurent est la principale voie de communication en Nouvelle-France. C'est donc le long de ses rives que les premières villes sont fondées et que les colons s'installent.

Tadoussac, Québec et Trois-Rivières ont été principalement fondées pour le commerce des fourrures. Montréal a été fondée pour enseigner aux Amérindiens la religion catholique.

Ces villes existent toujours aujourd'hui. Observe la ligne du temps ci-dessous. Elle permet de situer la fondation des villes.

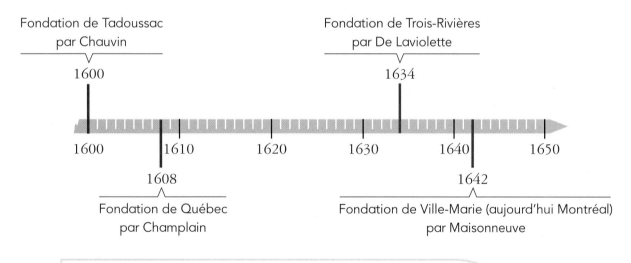

Fondation de Tadoussac par Chauvin — 1600

Fondation de Trois-Rivières par De Laviolette — 1634

1600   1610   1620   1630   1640   1650

Fondation de Québec par Champlain — 1608

Fondation de Ville-Marie (aujourd'hui Montréal) par Maisonneuve — 1642

1. Quelle ville a été fondée en 1608 ?

2. Quel est le premier établissement permanent fondé en Nouvelle-France ? En quelle année ?

3. Quelle ville a été fondée environ quatre décennies après la fondation de Tadoussac ?

4. La fondation de Trois-Rivières a eu lieu un siècle après la venue de Jacques Cartier en Amérique. En quelle année Jacques Cartier est-il venu en Amérique ?

Cent ans d'histoire de la Nouvelle-France

D'une société française à une société canadienne : de 1645 à 1745

Des traces de

Le lieu historique de Louisbourg, reconstruit à notre époque.

Les Forges du Saint-Maurice, telles qu'on peut les voir actuellement à Trois-Rivières.

Une assiette (vers 1650).

Les chantiers de construction de navires, de nos jours, à Les Méchins.

Un coffre (vers 1

la Nouvelle-France

aujourd'hui

Une vue actuelle du fort Chambly
à Chambly.

Les fortifications de Québec
à notre époque.

Dans les musées

Une pendule à poids
(vers 1650).

Une croix de procession
(vers 1650).

Une bouteille à vin
(vers 1700).

Une pièce
de vêtement masculin
(vers 1700).

Un fusil de milicien
(vers 1730).

Une scie chirurgicale
(vers 1650).

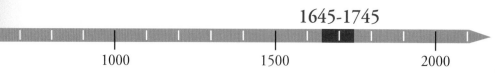
SUR LA PISTE

Sur cette page et dans les pages suivantes, tu trouveras une série d'illustrations regroupées en cinq grands thèmes. Ces illustrations représentent certains aspects de la Nouvelle-France vers 1645 et vers 1745.

Observe attentivement ces illustrations. Tu vas ainsi découvrir des changements survenus en Nouvelle-France entre 1645 et 1745.

Décris les changements que tu observes.

Le territoire

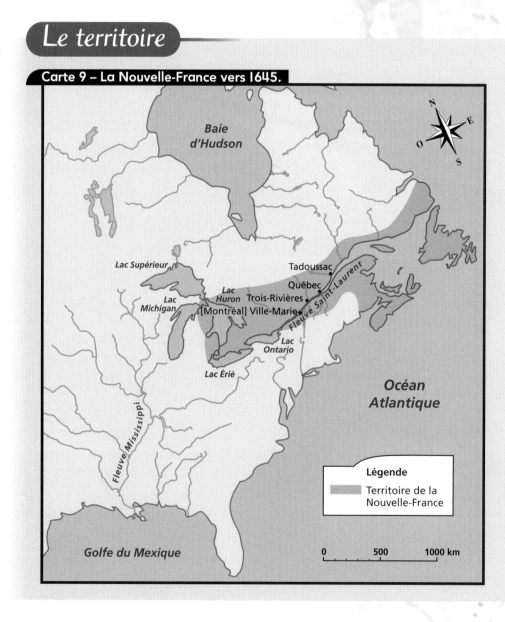

Carte 9 – La Nouvelle-France vers 1645.

Baie d'Hudson

Lac Supérieur

Lac Huron

Lac Michigan

Tadoussac

Québec

Trois-Rivières

[Montréal] Ville-Marie

Fleuve Saint-Laurent

Lac Ontario

Lac Érié

Fleuve Mississippi

Océan Atlantique

Golfe du Mexique

Légende

Territoire de la Nouvelle-France

0   500   1000 km

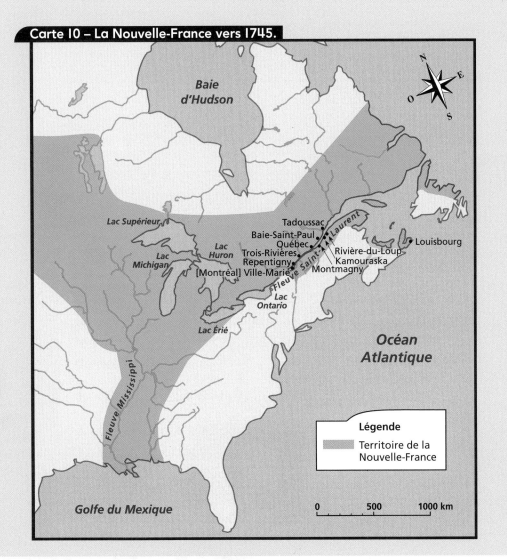

Carte 10 – La Nouvelle-France vers 1745.

Baie d'Hudson

N
O E
S

Lac Supérieur

Tadoussac
Baie-Saint-Paul
Québec
Trois-Rivières
Repentigny
[Montréal] Ville-Marie

Lac Huron
Lac Michigan

Fleuve Saint-Laurent

Rivière-du-Loup
Kamouraska
Montmagny

Louisbourg

Lac Ontario

Lac Érié

Océan Atlantique

Fleuve Mississippi

Légende

Territoire de la Nouvelle-France

0   500   1000 km

Golfe du Mexique

0   500   1000   1500   2000

La population

Les habitants d'origine française
vers 1645...

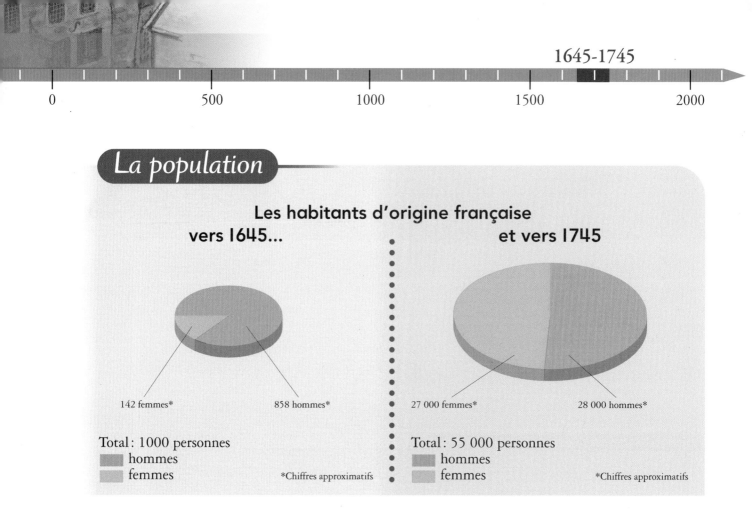

142 femmes*   858 hommes*

Total : 1000 personnes
- hommes
- femmes

*Chiffres approximatifs

et vers 1745

27 000 femmes*   28 000 hommes*

Total : 55 000 personnes
- hommes
- femmes

*Chiffres approximatifs

L'économie

Vers 1645...

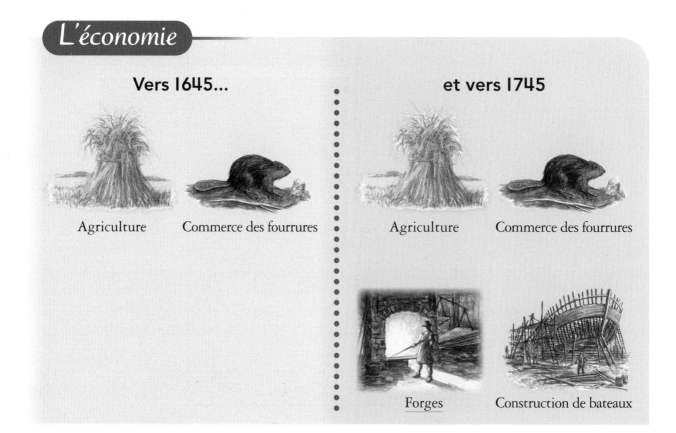

Agriculture   Commerce des fourrures

et vers 1745

Agriculture   Commerce des fourrures

Forges   Construction de bateaux

Les dirigeants de la Nouvelle-France
en 1645...   et en 1745

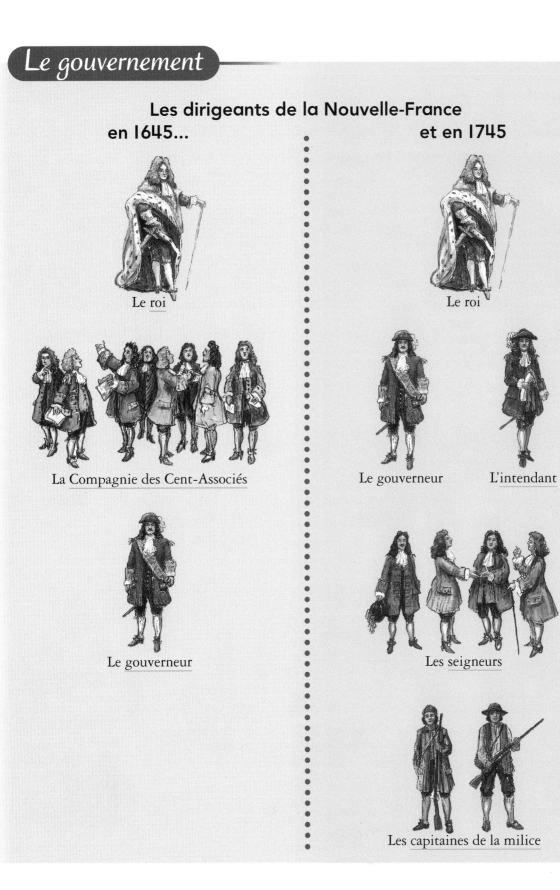

Le roi

Le roi

La Compagnie des Cent-Associés

Le gouverneur

L'intendant

Le gouverneur

Les seigneurs

Les capitaines de la milice

Le mode de vie

Une place publique en Nouvelle-France
vers 1645...   et vers 1745

Quelles sont les causes des changements que tu as observés?

Consulte la capsule «Pourquoi est-ce arrivé? Quelle est la cause?» à la page 116.

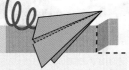

TON PROJET   **Une ligne du temps parlante**

En équipe, vous allez d'abord faire une recherche sur la Nouvelle-France entre 1645 et 1745. Vous découvrirez les causes des changements survenus durant cette période.

Ensuite, vous présenterez l'histoire de ces changements en utilisant une ligne du temps.

p. 134

ENQUÊTE

1. Formez des équipes de cinq élèves.

2. Ensemble, choisissez un des cinq thèmes illustrés au début du projet:
   - Le territoire
   - La population
   - L'économie
   - Le gouvernement
   - Le mode de vie

3. Lis le texte «Un siècle en Nouvelle-France» et regarde attentivement les illustrations. Tu y trouveras des renseignements au sujet du thème que ton équipe a choisi.

p. 134
4. Après chaque chapitre, fais ta collecte de données à l'aide de la fiche 4.2, «Prise de notes».

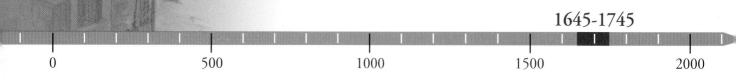

0   500   1000   1500   2000

Un siècle en Nouvelle-France

Le texte est composé de sept chapitres. Voici à quelle page commence chaque chapitre.

CHAPITRE 1 — Vers 1645

La société française en Nouvelle-France

Vers 1645, la Nouvelle-France est encore peu développée. Il y a seulement quatre établissements permanents : Tadoussac, Trois-Rivières, Québec et Ville-Marie (aujourd'hui Montréal). Ces villes sont situées le long du fleuve Saint-Laurent.

Environ 1000 Français habitent en Nouvelle-France. Presque tous sont nés en France. Ce sont surtout des hommes. Ils sont installés principalement sur le territoire fertile situé le long du fleuve Saint-Laurent.

À cette époque, le commerce des fourrures est la principale activité économique de la colonie. L'agriculture en est à ses débuts. Quelques colons cultivent la terre, qui leur fournit une partie de leur alimentation. Plusieurs autres produits nécessaires à la vie quotidienne leur sont envoyés par la mère-patrie, la France. Cependant, les colons ne reçoivent pas toujours ce dont ils ont besoin. En effet, le roi de France s'intéresse peu à sa colonie, parce qu'il est occupé dans son pays par une guerre.

La pointe à Callière, sur l'île de Montréal. C'est ici que Ville-Marie (aujourd'hui Montréal) a été fondée, en 1642.

0   500   1000   1500   2000

À cette époque, il y a peu de services dans les villes. Le mot «services» désigne ce qui est utile à l'ensemble d'une société, comme une école ou un hôpital.

Les bâtiments sont rares; les maisons sont petites et construites en bois.

Un gouverneur de la Nouvelle-France. Le roi de France nomme des gouverneurs pour diriger la colonie en son nom.

Consulte la capsule «Les dirigeants de la Nouvelle-France en 1645» à la page 117.

Les colons utilisent les arbres de la forêt pour construire leurs maisons.

COLLECTE DE DONNÉES

Sur ta fiche 4.2, complète la partie intitulée *La situation vers 1645*.

De nouveaux arrivants

La population de la colonie augmente peu à peu grâce à l'arrivée des colons envoyés par la Compagnie des Cent-Associés. La population de la Nouvelle-France compte à cette époque un nombre important de religieux.

Parmi les nouveaux colons, certains sont des menuisiers et des charpentiers. C'est pourquoi on construit de nouveaux bâtiments à Québec. En 1647, il y a une nouvelle église. En 1648, on ouvre la première auberge de la Nouvelle-France. Les habitants de Québec profitent de ces nouveaux services.

À Montréal aussi, il y a plus de services offerts à la population. En 1657, Marguerite Bourgeoys fait bâtir la première chapelle ; on la construit en pierre. L'année suivante, en 1658, elle ouvre une école afin que les enfants puissent apprendre à lire, à écrire et à compter.

Des religieux en Nouvelle-France.

L'enseigne d'une auberge appelée le Lion d'Or.

COLLECTE DE DONNÉES

1. Sur ta fiche 4.2, consulte la partie intitulée *Les changements*.

2. Reporte-toi ensuite à la partie *Les causes des changements*. Si tu as trouvé des renseignements utiles pour compléter cette partie, note-les maintenant.

0   500   1000   1500   2000

CHAPITRE 3   De 1660 à 1672

Un intendant en Nouvelle-France

Consulte la capsule «Les dirigeants de la Nouvelle-France après 1665» à la page 118.

À partir de 1665, le gouverneur n'est plus le seul à diriger la colonie. En effet, un intendant est chargé de voir au développement de la colonie. Jean Talon est le premier intendant de la Nouvelle-France.

Jean Talon arrive à Québec en 1665. Il commence par faire le calcul du nombre d'habitants d'origine française en Nouvelle-France : 3215. Il trouve que les colons ne sont pas assez nombreux. Dans la colonie, on trouve surtout des hommes. Il y a quelques familles, mais peu de femmes.

Pour que la population augmente, il faut qu'il y ait plus de femmes afin que les hommes puissent se marier et fonder des familles.

C'est pour cette raison que des jeunes femmes sont envoyées en Nouvelle-France. Neuf cents «filles du roi» viennent se marier et s'installer dans

Jean Talon.

Les « filles du roi » qui arrivent en Nouvelle-France ont entre 15 et 20 ans.

la colonie entre 1665 et 1673. Grâce à elles, la population de la Nouvelle-France augmente. On les appelle «filles du roi» parce que c'est le roi qui paie leur voyage entre la France et la Nouvelle-France.

Vers 1665, la sécurité des colons est menacée par les attaques des Iroquois. Pour défendre sa colonie, la France envoie un régiment, c'est-à-dire un groupe de soldats. Ce régiment s'appelle le régiment de Carignan-Salières. À la fin de la guerre contre les Iroquois, en 1667, certains de ces soldats s'installent en Nouvelle-France et se marient. La population continue d'augmenter.

Jean Talon soutient les familles nombreuses. Il met sur pied un programme d'aide : chaque famille de plus de dix enfants reçoit un certain montant d'argent.

Des soldats du régiment de Carignan-Salières.

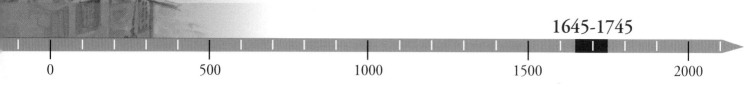
Pendant cette période, le commerce des fourrures est encore important. Mais Jean Talon souhaite qu'il y ait plus d'activités économiques. Il encourage l'agriculture et l'élevage.

Les colons produisent plus de céréales, comme le blé. Ils pratiquent de nouvelles cultures comme celle du lin. Ils fabriquent des chaussures grâce au cuir des animaux qu'ils élèvent.

C'est ainsi que, peu à peu, les terres agricoles occupent une plus grande partie du territoire de la Nouvelle-France. Ce changement se voit surtout le long du fleuve Saint-Laurent: là, il y a de plus en plus de fermes regroupées en vastes domaines. On appelle ces domaines des «seigneuries».

Jean Talon quitte la colonie en 1672. Grâce à lui, la Nouvelle-France a progressé. Il y a près de 6000 habitants d'origine française sur le territoire et l'économie s'est développée.

Avec le lin, les colons fabriquent du tissu pour les vêtements.

COLLECTE DE DONNÉES

1. Sur ta fiche 4.2, consulte la partie intitulée *Les changements*.

2. Reporte-toi ensuite à la partie *Les causes des changements.* Si tu as trouvé des renseignements utiles pour compléter cette partie, note-les maintenant.

CHAPITRE 4 — De 1673 à 1700

Le territoire s'agrandit

L'été, l'exploration du territoire se fait en canot. C'est le moyen de transport le plus efficace.

Certains Français, qui ont le goût de l'aventure, partent explorer de nouveaux territoires.

En 1673, Louis Jolliet et le missionnaire Jacques Marquette explorent le fleuve Mississippi. En 1682, René Robert Cavelier de La Salle descend le fleuve jusqu'au golfe du Mexique. Les territoires qu'ils découvrent agrandissent la Nouvelle-France.

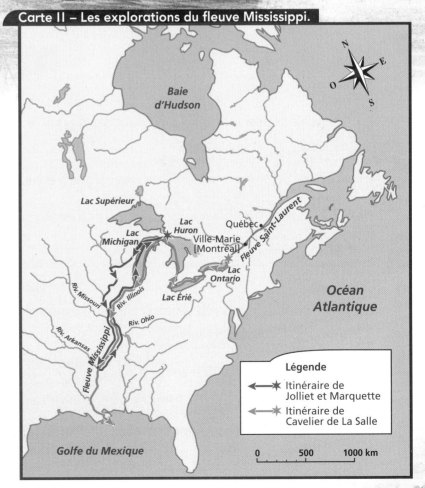

Carte 11 – Les explorations du fleuve Mississippi.

Baie d'Hudson

Lac Supérieur

Lac Huron

Lac Michigan

Québec

Fleuve Saint-Laurent

Ville-Marie (Montréal)

Lac Ontario

Lac Érié

Riv. Missouri

Riv. Illinois

Riv. Ohio

Riv. Arkansas

Fleuve Mississippi

Océan Atlantique

Golfe du Mexique

Légende

Itinéraire de Jolliet et Marquette

Itinéraire de Cavelier de La Salle

0   500   1000 km

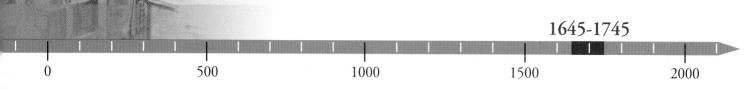

D'autres Français explorent le Nord à la recherche d'animaux à fourrure. Comme il y fait plus froid, la fourrure des animaux est plus épaisse. Elle se vend donc plus cher.

C'est pour faire ce genre de commerce que, de 1688 à 1697, Pierre Le Moyne d'Iberville navigue vers le nord sur l'océan Atlantique et se rend jusqu'à la baie d'Hudson.

Les Français ne sont pas les seuls à explorer et à occuper une partie de l'Amérique du Nord. Il y a aussi les Anglais. Eux aussi veulent agrandir leur territoire : ils cherchent à s'emparer de la Nouvelle-France.

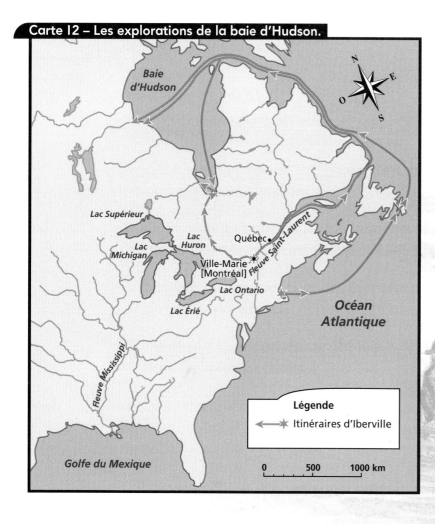

Carte 12 – Les explorations de la baie d'Hudson.

Baie d'Hudson

Lac Supérieur

Lac Huron

Québec

Lac Michigan

Ville-Marie [Montréal]

Fleuve Saint-Laurent

Lac Ontario

Lac Érié

Fleuve Mississippi

Océan Atlantique

Golfe du Mexique

Légende
⟵➤✳ Itinéraires d'Iberville

0   500   1000 km

COLLECTE DE DONNÉES

1. Sur ta fiche 4.2, consulte la partie intitulée *Les changements.*

2. Reporte-toi ensuite à la partie *Les causes des changements.* Si tu as trouvé des renseignements utiles pour compléter cette partie, note-les maintenant.

CHAPITRE 5 — De 1701 à 1719

Des conflits

En 1701, la France est en guerre contre l'Angleterre. Les deux pays se font aussi la guerre dans leurs territoires d'Amérique du Nord. À cause de ces conflits, les villes de Nouvelle-France changent. Les Français construisent des fortifications pour se protéger des attaques des Anglais. On appelle «fortifications» les murs ou les tours construits pour protéger une ville.

La France et l'Angleterre font la paix en 1713. La France a perdu cette guerre. Elle doit donner aux Anglais une partie du territoire de la Nouvelle-France. Malgré ces pertes, le territoire de la Nouvelle-France est encore très vaste.

Les fortifications autour de Québec vers 1701.

En 1716, pour protéger et occuper le territoire qui n'a pas été donné aux Anglais, on fonde une nouvelle ville, Louisbourg.

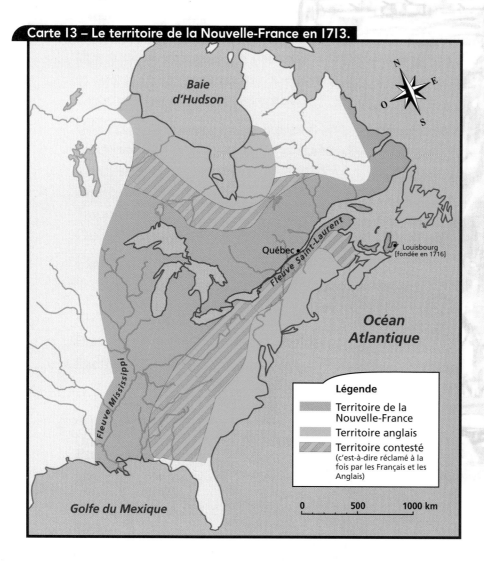

Carte 13 – Le territoire de la Nouvelle-France en 1713.

Baie d'Hudson

Québec

Fleuve Saint-Laurent

Louisbourg
[fondée en 1716]

Océan Atlantique

Fleuve Mississippi

Golfe du Mexique

Légende

Territoire de la Nouvelle-France

Territoire anglais

Territoire contesté (c'est-à-dire réclamé à la fois par les Français et les Anglais)

0   500   1000 km

COLLECTE DE DONNÉES

1. Sur ta fiche 4.2, consulte la partie intitulée *Les changements*.

2. Reporte-toi ensuite à la partie *Les causes des changements*. Si tu as trouvé des renseignements utiles pour compléter cette partie, note-les maintenant.

CHAPITRE 6 \ De 1720 à 1745

De nouvelles industries

L'économie de la Nouvelle-France progresse grâce à un nouvel intendant, Gilles Hocquart. Celui-ci arrive en Nouvelle-France en 1729. Il développe les industries pour que la colonie fabrique plus de marchandises et de produits.

Une industrie est une activité qui permet de fabriquer des produits à partir d'une matière comme le bois ou la laine. En Nouvelle-France, par exemple, on utilise du bois pour construire des bateaux. Hocquart relance cette industrie en ouvrant en 1732 un chantier de construction de navires à Québec. En 1735, une autre industrie est créée à Trois-Rivières : les Forges

Le chantier de construction de bateaux à Québec.

du Saint-Maurice. À partir du fer, on y fabrique des objets, comme des marmites et des outils. De nouveaux métiers liés à ces industries se développent en Nouvelle-France.

Les Forges du Saint-Maurice à Trois-Rivières.

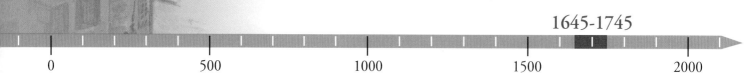

À cette époque, le commerce des fourrures a moins d'importance qu'autrefois. C'est parce que la fourrure est moins en demande. Il y a moins de coureurs des bois.

C'est aussi grâce au nouvel intendant que d'autres services pour la population font leur apparition. Par exemple, Hocquart améliore les installations du port de Québec. En 1732, il fait construire une jetée, c'est-à-dire une construction qui s'avance dans l'eau et qui met les bateaux à l'abri des vagues. Pour faciliter le transport entre Québec et Montréal, Hocquart décide de faire construire une route appelée «Chemin du roi». Vers 1740, une voiture tirée par

un cheval parcourt cette distance en sept jours environ. C'est une amélioration dans les communications. Les nouvelles circulent mieux en Nouvelle-France et le gouvernement de la colonie est facilité.

Les métiers sont de plus en plus variés. Les artisans sont aussi plus nombreux. Les artisans sont des personnes qui fabriquent des produits manuellement, comme les cordonniers ou les forgerons.

Les métiers en Nouvelle-France

Sur le Chemin du roi, des charrettes circulent entre Québec et Montréal.

Métiers	Nombre
Charpentiers	89
Marchands	62
Charrons (fabricants de charrettes)	43
Aubergistes	42
Forgerons	29
Cordonniers	26

La population d'origine française augmente encore : vers 1740, elle est de 46 000 personnes environ. À cause de l'augmentation du nombre d'habitants, les villes s'agrandissent ; de nouveaux villages sont créés.

À la suite d'un grand incendie à Montréal, les villes changent d'aspect : on utilise moins le bois pour construire les maisons. Les nouvelles maisons sont en pierre ; les toits sont faits de tuiles.

Une maison en pierre vers 1745.

COLLECTE DE DONNÉES

1. Sur ta fiche 4.2, consulte la partie intitulée *Les changements*.

2. Reporte-toi ensuite à la partie *Les causes des changements*. Si tu as trouvé des renseignements utiles pour compléter cette partie, note-les maintenant.

3. Complète la partie intitulée *La ligne du temps* de ta fiche 4.2.

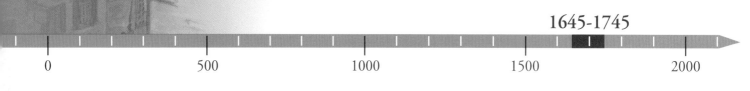
CHAPITRE 7 \ Vers 1745

La société canadienne en Nouvelle-France

Entre 1645 et 1745, des événements et des personnes ont transformé la colonie.

En effet, le territoire s'est agrandi. Les terres cultivées occupent une plus grande partie du territoire. Les villes se sont développées et les villages sont plus nombreux.

En 1745, le nombre d'hommes et de femmes d'origine française est de 55 000 environ. La majorité d'entre eux sont nés en Nouvelle-France.

Certains colons jouent un rôle dans le gouvernement. Les capitaines de la milice, par exemple, sont choisis parmi la population.

Il y a un intendant, chargé de développer la colonie.

Le commerce des fourrures n'est plus la principale activité économique et l'agriculture s'est bien développée. Grâce à l'agriculture et aux nouvelles industries, les habitants de la Nouvelle-France peuvent répondre à la plupart de leurs besoins. Ils ne dépendent plus de la mère-patrie. Ils bénéficient de plusieurs services.

Avec le temps, la société de 1645 a changé : elle n'est plus la même en 1745. Elle s'est adaptée au territoire qu'elle occupe et l'a transformé peu à peu.

La conséquence de tous ces changements, c'est qu'à partir de 1745, on ne parle plus de société française en Nouvelle-France, mais de société canadienne en Nouvelle-France.

COLLECTE DE DONNÉES

Sur ta fiche 4.2, complète la partie intitulée *La situation vers 1745*.

TON PROJET

p. 134

1. En équipe, mettez en commun les notes de la fiche 4.2, « Prise de notes ». Vérifiez si vous avez toutes les données nécessaires à votre travail.

2. Préparez votre ligne du temps géante.

3. Partagez-vous le travail de présentation. Assurez-vous de présenter chacun des points suivants.
   - La situation de la Nouvelle-France vers 1645
   - Les changements survenus
   - Les événements et les personnes qui sont la cause des changements
   - La ligne du temps
   - La situation de la Nouvelle-France vers 1745

4. Décidez ensemble d'une façon originale de faire votre présentation.

5. Prenez un court temps pour vous exercer à faire votre présentation orale.

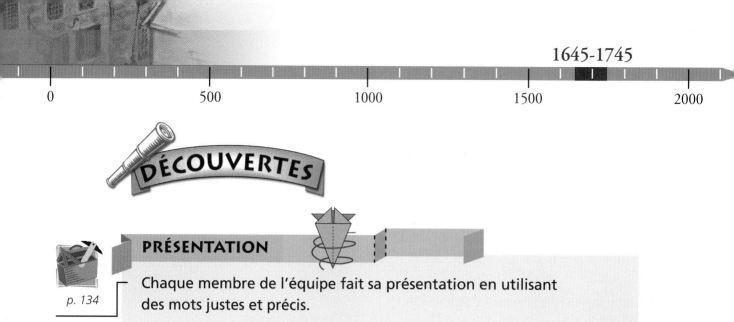

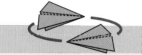

DÉCOUVERTES

PRÉSENTATION

p. 134

Chaque membre de l'équipe fait sa présentation en utilisant des mots justes et précis.

SYNTHÈSE

Avec ton enseignante ou ton enseignant, fais le point sur tes nouvelles connaissances.

1. Quels sont les principaux changements survenus en Nouvelle-France entre 1645 et 1745 ?

2. Nomme des personnes et des événements qui sont la cause de ces changements.

3. Quelle est la principale conséquence de tous ces changements pour la Nouvelle-France ?

BILAN

p. 134

1. Quelles sont les forces et les faiblesses des présentations orales ?

2. Tout au long de ce projet, quelles stratégies as-tu utilisées pour éviter de perdre du temps ?

   • Demander de l'aide au besoin.

   • Éliminer les distractions.

   • Partager les tâches.

   • Établir un horaire.

   • Respecter l'horaire préparé.

   • Faire un plan de travail.

   • Se concentrer sur la tâche.

   • Prévoir le matériel nécessaire pour réaliser la tâche.

   • Recourir à une autre stratégie.

   Quelle stratégie pourrais-tu améliorer ?

Pourquoi est-ce arrivé?
Quelle est la cause?

C'est quoi, une cause?

Une société change : par exemple, son territoire s'agrandit et sa population augmente. Ce sont des changements. Ces changements ont des causes.

Une cause, c'est ce qui explique un fait, un événement, un changement. Pour trouver la cause d'un changement, il faut se poser la question suivante :
Pourquoi ce changement est-il arrivé?
Tu pourrais aussi te demander :
Qu'est-ce qui s'est passé pour que ce changement arrive?

Exemple :

> **Pourquoi** le territoire de la Nouvelle-France s'est-il agrandi?
> **Parce que** des explorateurs ont découvert de nouvelles terres.

Parfois, la réponse est liée à une personne précise.
Exemple :

> **Pourquoi** le territoire de la Nouvelle-France s'est-il agrandi?
> **Parce que** Louis Jolliet a exploré de nouvelles terres.

Un changement peut avoir plusieurs causes.

La cause d'un changement

Vérifie si, dans les phrases suivantes, tu sais trouver la cause du changement.

1. Avec l'ouverture des Forges du Saint-Maurice, on peut maintenant fabriquer des objets en fer en Nouvelle-France.

2. Grâce à Louis Jolliet, le territoire de la Nouvelle-France s'étend jusqu'au golfe du Mexique.

Les dirigeants de la Nouvelle-France en 1645

Le roi : Il vit en France. Il a tous les pouvoirs en France et en Nouvelle-France. C'est lui qui nomme les dirigeants de la Nouvelle-France.

Le roi

La Compagnie des Cent-Associés : C'est un groupe de personnes chargées par le roi de peupler et d'administrer la Nouvelle-France à partir de la France.

La Compagnie des Cent-Associés

Le gouverneur : Il est le représentant du roi en Nouvelle-France. Il dirige la colonie au nom du roi.

Le gouverneur

En Nouvelle-France, à cette époque, tous les dirigeants sont choisis par le roi de France.

Les dirigeants de la Nouvelle-France après 1665

Le roi

Le roi : Il vit en France. Il a tous les pouvoirs en France et en Nouvelle-France.

Le gouverneur : Il représente le roi. Il s'occupe principalement des militaires et des relations avec les Amérindiens.

Le gouverneur   L'intendant

L'intendant : Il s'occupe de la justice, des finances, du commerce, du peuplement et de la distribution des terres.

Les seigneurs : Ils ont pour rôles de développer et d'administrer le domaine qu'ils ont reçu du roi. Ce domaine s'appelle une seigneurie. Il est divisé en plusieurs terres qui sont données à des familles de colons. Les colons défrichent et cultivent la terre qu'ils ont reçue.

Les seigneurs

Les capitaines de la milice : Ils sont choisis par les colons. Les capitaines de la milice commandent la milice, c'est-à-dire le groupe de colons chargés de défendre la population. Ils doivent aussi faire connaître et respecter les décisions de l'intendant.

Les capitaines de la milice

Vers 1745, les dirigeants ne sont plus tous choisis par le roi. Les capitaines de la milice, par exemple, sont choisis par les habitants de la Nouvelle-France.

Boîte à outils

Comment exploiter l'information?

1 Je lis attentivement les consignes et je me demande :

Qu'est-ce que je cherche?

Qu'est-ce que je dois faire?

2 Je cherche les informations dont j'ai besoin.

- Je fais l'inventaire de ce que je sais déjà.
- Je cherche des informations dans différentes sources :
  - je cherche dans Internet ;
  - je pose des questions aux personnes que je connais ;
  - je vais à la bibliothèque.

3 Je choisis les textes qui vont m'être utiles.

C'est important de lire les titres et les intertitres.

Oui, et de regarder les index et les tables des matières.

4 **Je sélectionne les informations dont j'ai besoin.**

- ➤ Je lis les textes que j'ai trouvés.

- ➤ Je note **seulement** les informations dont j'ai besoin.

> Qu'est-ce que je cherche?

> Qu'est-ce que je dois faire?

> Il ne faut pas que j'oublie d'écrire dans quel livre ou dans quel site j'ai trouvé les informations!

5 **J'organise mes informations.**

- ➤ Je relis mes notes. Je m'assure que :
  - – j'ai trouvé ce que je cherchais;
  - – je peux faire ma tâche.

6 **Je communique mes informations.**

Comment résoudre des problèmes?

1 **Je m'assure que je comprends bien le problème.**

Je dis le problème dans mes mots.

Je lis attentivement la consigne.

Au besoin, je pose des questions.

Qu'est-ce que je dois faire?

Je peux aussi séparer le problème en étapes.

Premièrement, je dois... Deuxièmement, je dois... C'est plus facile de cette façon.

2 **Je cherche une solution au problème.**

Si c'est possible, je compare ce problème à un autre que j'ai déjà résolu.

J'imagine différentes solutions.

Oui, oui, même les solutions les plus folles... C'est une bonne façon de trouver la meilleure.

Je choisis la solution qui, selon moi, va me permettre de résoudre le problème.

3 — J'essaie ma solution.

J'applique la solution que j'ai trouvée.

Est-ce que le problème est résolu?

Si ma solution ne me permet pas de résoudre le problème, j'en cherche une autre.

J'ai une autre idée.

4 — J'évalue ma solution.

Je compare ma solution à celles de mes camarades.

Est-ce que je peux améliorer ma solution?

Comment exercer
mon jugement critique ?

1 *Je prends connaissance de la situation :*

• ça peut être un événement ;

> Qu'est-ce qui s'est passé ?

• un texte ;

> Qu'est-ce qui est écrit ?

• les paroles de quelqu'un.

> Qu'est-ce que cette personne a dit ?

2 *Je construis mon opinion.*

• Je m'informe :
  – je lis sur le sujet ;
  – j'interroge des personnes.

• Je réfléchis aux informations que j'ai trouvées.
• Je me fais une idée.

> Est-ce que ça a du sens ?

3 J'exprime mon opinion.

➤ Je donne clairement mon opinion.

➤ J'explique pourquoi j'ai cette opinion.

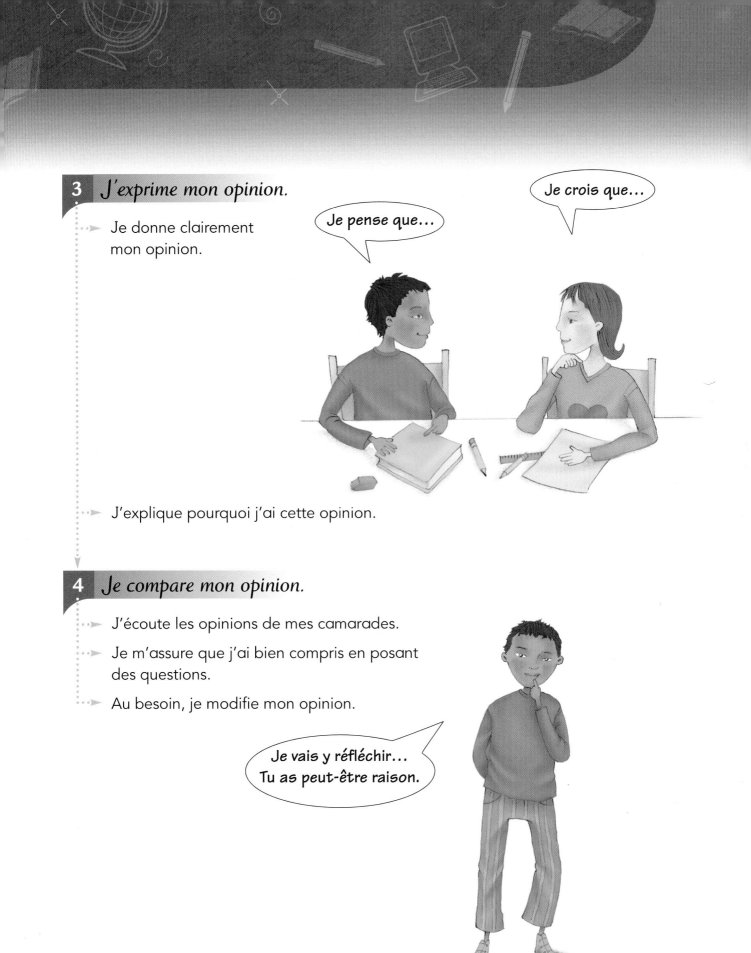

4 Je compare mon opinion.

➤ J'écoute les opinions de mes camarades.

➤ Je m'assure que j'ai bien compris en posant des questions.

➤ Au besoin, je modifie mon opinion.

Comment mettre en œuvre ma pensée créatrice ?

1 **Je lis la consigne pour bien comprendre la situation.**

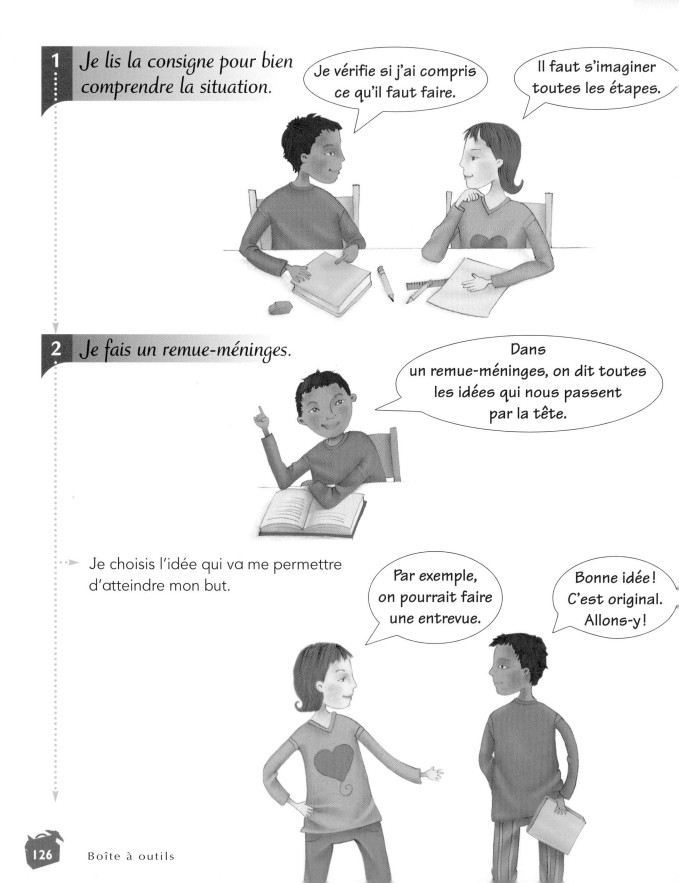

> Je vérifie si j'ai compris ce qu'il faut faire.

> Il faut s'imaginer toutes les étapes.

2 **Je fais un remue-méninges.**

> Dans un remue-méninges, on dit toutes les idées qui nous passent par la tête.

Je choisis l'idée qui va me permettre d'atteindre mon but.

> Par exemple, on pourrait faire une entrevue.

> Bonne idée ! C'est original. Allons-y !

3 *Je passe à l'action.*

Je fais un essai.

> Oups! Il y a un problème : on ne peut pas tout expliquer dans une entrevue.

Au besoin, je modifie mon idée.

> Ce n'est pas grave, j'ai une autre idée. On pourrait ajouter un texte à l'entrevue.

4 *J'évalue ma réalisation.*

> On a eu de bonnes idées. On a atteint notre but.

> Oui. J'ai même eu d'autres idées. On pourrait les essayer la prochaine fois.

Comment me donner des méthodes de travail efficaces ?

1   *Je m'assure que je comprends le travail à réaliser.*

> J'explique le travail dans mes mots.

> Au besoin, je pose des questions.

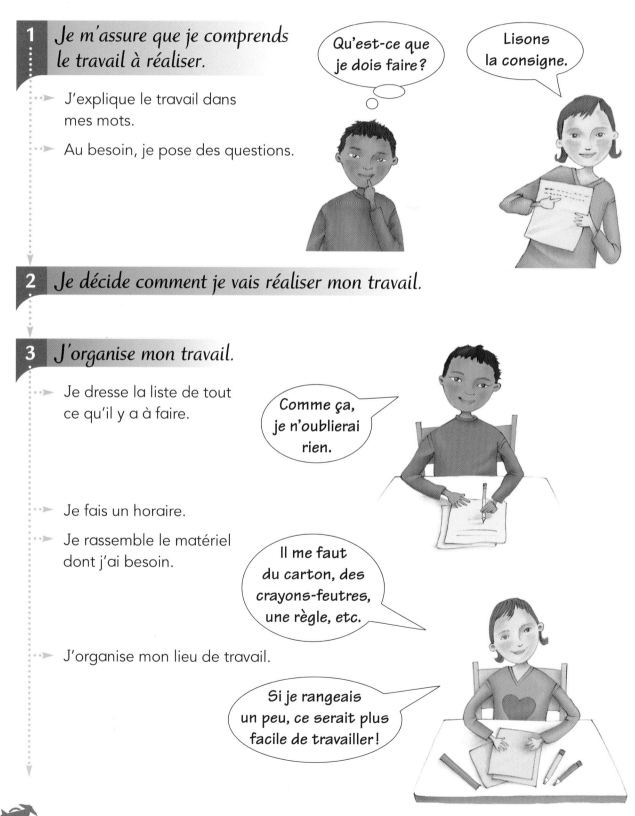

Qu'est-ce que je dois faire ?

Lisons la consigne.

2   *Je décide comment je vais réaliser mon travail.*

3   *J'organise mon travail.*

> Je dresse la liste de tout ce qu'il y a à faire.

Comme ça, je n'oublierai rien.

> Je fais un horaire.

> Je rassemble le matériel dont j'ai besoin.

Il me faut du carton, des crayons-feutres, une règle, etc.

> J'organise mon lieu de travail.

Si je rangeais un peu, ce serait plus facile de travailler !

4 Je réalise le travail.

Je garde la consigne en tête.

Je vérifie mon travail.
Je me demande :
– si c'est clair ;
– si ça fonctionne ;
– si les autres vont comprendre.

> Qu'est-ce que je dois faire ?

5 J'évalue ma façon de travailler.

> Max, es-tu satisfait de ton travail ?

> Oui, mais la prochaine fois, je vais faire un plan plus détaillé pour perdre moins de temps.

Comment exploiter les technologies de l'information et de la communication?

1 J'ouvre le logiciel de traitement de texte.

> Je clique deux fois sur l'icone de traitement de texte.

> On appelle ça «double-cliquer».

2 Je repère les principales icônes et les touches dont j'aurai besoin pour faire mon travail :

> les icônes pour le lettrage ;

> On appelle ça la «police». C'est drôle, hein ?

> Oui. Tu peux même choisir la grosseur de la police.

> les icônes pour le gras, le souligné et l'italique ;

> les touches pour la majuscule, le point et la virgule ;

> la barre d'espacement pour séparer les mots.

> Sinon, on ne sait pas où commencent et où finissent les mots.

3 *Je donne un nom à mon fichier.*

C'est un peu comme le titre d'un travail.

C'est vrai. Il faut lui donner un nom simple et facile à retenir.

4 *Je sauvegarde mon texte régulièrement.*

C'est très important. Sinon, on peut tout perdre !

Ça m'est déjà arrivé, et j'étais tellement fâché !

➤ Je clique sur l'icône de sauvegarde.

➤ Je peux aussi sauvegarder mon texte sur disquette.

5 *J'imprime mon travail.*

Je m'assure qu'il y a du papier dans l'imprimante.

Il suffit encore une fois de cliquer sur l'icône.

Comment coopérer ?

Je respecte les autres.

→ Je comprends leurs besoins.

→ J'accepte les différences.

> Chaque personne a des qualités différentes.

> C'est vrai ! C'est ce qui fait une bonne équipe.

Je m'implique.

→ Je participe aux discussions.

> C'est important de donner son point de vue.

→ Je fais ma part.

→ Je propose des solutions.

→ J'aide mes camarades.

> Max, si tu as de la difficulté à faire des recherches dans Internet, je peux t'aider.

Je suis les règles du groupe.

- Je respecte le droit de parole.

> C'est important que tout le monde puisse s'exprimer.

- Je ne coupe pas la parole aux autres.
- Je discute calmement.
- Je me concentre sur le travail.

> On parlera de notre fin de semaine à la récréation.

> Oui. Comme ça, on ne nuira pas au travail d'équipe.

J'évalue notre travail.

> C'était vraiment bien, de travailler en équipe. J'ai appris plein de choses !

> Oui, mais il va falloir que je sois plus patient quand les autres parlent.

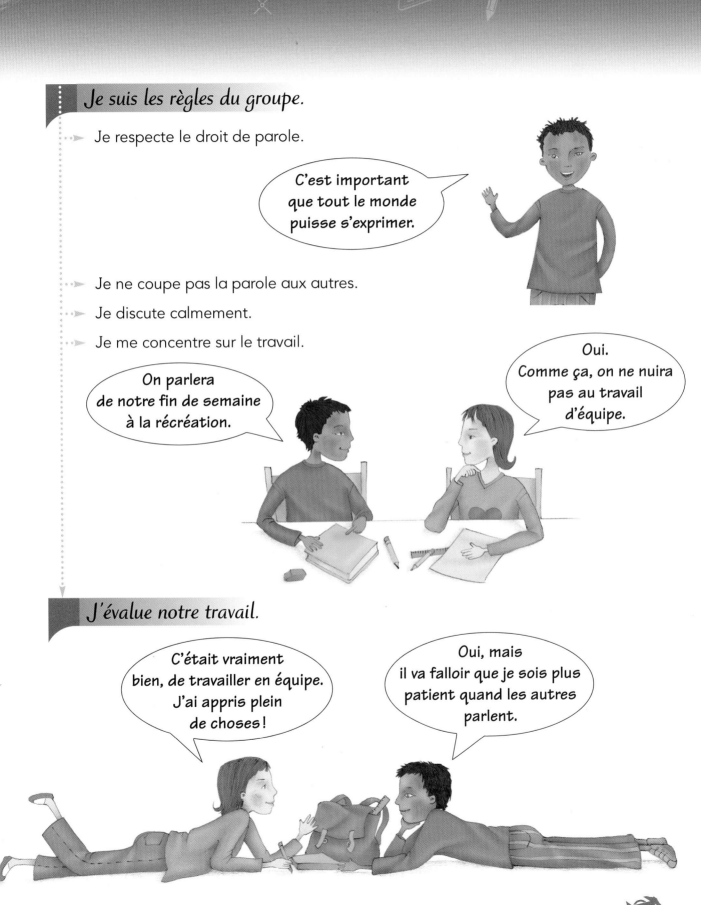

Comment communiquer de façon appropriée?

1 Je m'assure de bien comprendre le but de la communication.

- Quel est le sujet de ma communication?
- À qui est-ce que je m'adresse?

> Hum!
> Il ne faut pas que j'oublie qu'on aura à parler devant toute la classe.

- Qu'est-ce que je dois dire?

> Il faut aussi dire aux élèves qu'ils auront un tableau à remplir.

2 Je prépare ma communication.

- Je cherche les informations dont j'ai besoin.
- Je fais un plan ou un schéma.

> C'est une bonne façon d'organiser mes idées.

- Je prépare le matériel dont j'ai besoin.

> Il faut préparer un tableau pour les élèves.

> Nous avons aussi besoin d'une carte géographique et d'une ligne du temps.

3 *Je réalise ma communication.*

• Je fais ma communication.

> Il ne faut pas que je change de sujet pendant la communication.

> Et il ne faut rien oublier !

• J'utilise les mots justes.

> Je parle fort et je prononce bien.

• Je m'assure d'être compris ou comprise.

> Avez-vous bien compris ? Avez-vous des questions ?

4 *J'évalue ma communication.*

> C'était quand même très bien. La prochaine fois, on se fera un aide-mémoire.

> Zut ! J'ai oublié une petite partie de ce que je voulais dire.

Le vocabulaire géographique et historique de mon manuel

Amérindiens. Nom donné aux personnes qui habitaient déjà en Amérique avant l'arrivée des Européens, ainsi qu'à leurs descendants. On dit aussi «Autochtones».

Artisan. Personne qui fait un métier manuel et qui est son propre patron, comme un cordonnier ou un serrurier.

Autochtones. Nom donné aux personnes qui habitaient déjà en Amérique avant l'arrivée des Européens, ainsi qu'à leurs descendants. On dit aussi «Amérindiens».

Basses-terres. Terrain généralement plat et peu élevé par rapport à la mer, contrairement aux montagnes et aux plateaux. Les basses-terres qui se trouvent sur les rives du Saint-Laurent et des Grands Lacs s'appellent les basses-terres du Saint-Laurent et des Grands Lacs.

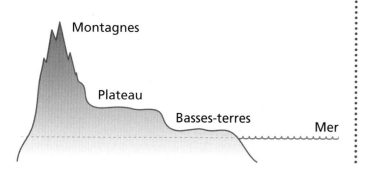

Canada. Nom d'origine iroquoienne qui veut dire «village» ou «peuplement». C'est l'explorateur français Jacques Cartier qui a nommé ainsi le territoire où il avait débarqué en 1534.

Capitaine de la milice. Personne qui commandait la milice, c'est-à-dire le groupe de personnes chargées de défendre la population dans la colonie.

Chaîne de montagnes. Une montagne est une très forte élévation de terrain. Une chaîne de montagnes est une suite de montagnes.

Chute. Partie d'un fleuve ou d'une rivière où l'eau tombe soudainement d'une certaine hauteur. Une chute est un obstacle à la navigation.

Colline. Petite élévation de terrain au sommet arrondi.

Colon. Habitant d'une colonie.

Colonie. Pays ou territoire qui est placé sous la dépendance d'un autre pays. La Nouvelle-France était une colonie française, car elle était dirigée par la France.

Compagnie des Cent-Associés. Regroupement d'une centaine de personnes chargées par le roi de France d'administrer et de peupler la Nouvelle-France. Ces personnes demeuraient en France et dirigeaient le commerce des fourrures, l'envoi de colons et l'organisation de la vie en Nouvelle-France.

Confluent. Point de rencontre entre deux cours d'eau. Par exemple, la ville de Trois-Rivières est située au confluent du fleuve Saint-Laurent et de la rivière Saint-Maurice.

Conifères. Arbres qui gardent leurs aiguilles toute l'année. Le sapin et l'épinette sont des conifères.

Défricher. Enlever les arbres et les plantes sauvages sur un terrain. Lorsqu'un territoire est couvert de forêt, il faut le défricher pour pouvoir le cultiver ou y construire une maison.

Évangéliser. Enseigner la religion catholique aux Amérindiens.

Fertile. Un sol est fertile quand il produit beaucoup de plantes utiles (des fruits, par exemple, ou des céréales comme le maïs ou le blé). Vivre sur un territoire fertile représente un avantage, car tout y pousse bien.

Feuillus. Arbres qui perdent leurs feuilles à l'automne. Le bouleau, le frêne, l'orme, l'érable et le peuplier sont des feuillus.

Forges. Endroit où l'on fabrique des objets en fer. On fait fondre le fer en le chauffant très fort, puis on lui donne la forme de divers objets comme des boulets de canon ou des chaudrons.

C'est dans les Forges du Saint-Maurice, près de Trois-Rivières, qu'on a fabriqué les premiers outils en fer en Nouvelle-France.

Fortifications. Constructions servant à protéger une ville ou un bâtiment des attaques ennemies. Par exemple, la ville de Québec a été entourée de murs à certains moments de son histoire.

Gouverneur. Représentant du roi en Nouvelle-France. Le gouverneur s'occupait principalement des affaires de la guerre et des relations avec les Amérindiens. Il était lui-même représenté à Trois-Rivières et à Montréal par des gouverneurs locaux.

Industrie. Activité qui permet de fabriquer des produits à partir de matières comme le bois ou la laine. Les chantiers de construction de bateaux près de Québec, ou les Forges du Saint-Maurice, près de Trois-Rivières, étaient des industries importantes en Nouvelle-France.

Intendant. Personne nommée par le roi pour administrer la colonie. L'intendant s'occupait de la justice, des finances, du commerce et du peuplement.

Mère-patrie. Nom donné à la France à l'époque de la Nouvelle-France.

Milice. Groupe de personnes chargées de la défense de la population dans la colonie.

Missionnaire. Religieux chargé d'enseigner la religion catholique aux Amérindiens. En Nouvelle-France, les missionnaires étaient souvent des Jésuites. Les Jésuites sont un regroupement de religieux.

Nomades. Les nomades sont des personnes qui changent très souvent de lieux de vie. Les Algonquiens, par exemple, déplaçaient leur campement plusieurs fois par année.

Plaine. Vaste étendue de terrain généralement plat ou légèrement ondulé.

Plateau. Vaste étendue de terrain plutôt plat et assez élevé par rapport à la mer (voir le dessin à la page 136). Le bouclier canadien, par exemple, est un plateau.

Portage. On fait du portage quand on transporte un canot à pied pour contourner la partie non navigable d'un cours d'eau. C'est souvent à cause de la présence d'un rapide ou d'une chute qu'on doit faire du portage.

Poste de traite. Endroit où se faisait le commerce des fourrures. C'est là que les Amérindiens ou les coureurs des bois échangeaient les peaux d'animaux contre des marchandises. Aux débuts de la Nouvelle-France, il s'agissait souvent d'un fort en bois.

Rapide. Partie d'un cours d'eau où l'eau coule plus vite et fait des tourbillons autour de nombreux rochers. Un rapide est un obstacle à la navigation.

Récolte. Quand on ramasse ou qu'on cueille des fruits, des légumes ou des céréales, ce qu'on a ramassé s'appelle la récolte.

Récolter. Ramasser ou cueillir les produits de la terre comme les fruits, les légumes ou les céréales.

Roi. Personne qui dirigeait la France et la colonie. Le roi avait tous les pouvoirs.

Sédentaires. Des personnes sédentaires vivent très longtemps au même endroit. Les Iroquoiens, par exemple, déplaçaient leur village tous les quinze ans. Les colons de la Nouvelle-France vivaient sur leur terre souvent durant toute leur vie.

Seigneur. Personne qui a reçu du roi un territoire qui s'appelle une seigneurie. Le seigneur divisait ce territoire entre plusieurs colons. Il devait peupler et développer la seigneurie que le roi lui avait donnée. Les colons devaient défricher et cultiver la terre qu'ils avaient reçue.

Seigneurie. Territoire donné par le roi à une personne ou à un regroupement de religieux. La seigneurie était divisée en plusieurs terres que le seigneur distribuait à des colons.

Services. Désigne ce qui sert, ce qui est utile à toutes les personnes d'une société: un hôpital, une école et une route sont des services pour la population.

Troc. Faire du troc, c'est échanger une chose contre une autre.

Les personnages historiques de mon manuel

Les numéros renvoient aux pages où tu trouveras des renseignements sur ces personnages.

Les lieux historiques de mon manuel

Les numéros renvoient aux pages où tu trouveras des renseignements sur ces lieux.

Les cartes de mon manuel

Sources des photographies

Alpha-Presse : P. Baeza : p. 34 (bas) ; Y. Beaulieu : p. 32 (médaillon)

Archives de la Presse canadienne : p. 32 (bas, droite), 34 (haut)

Corbis/Magma : W. Perry Conway : p. 35 (centre, droite) ; M. A. McDonald : p. 35 (bas, droite) ; D. Muench : p. 36 (haut) ; G. Rowell : p. 36 (centre)

Émilie Couture : p. 53, 83, 115

Dorling Kindersley Picture Library : p. 36 (bas), 51

Getty : M. Smith/FPG International : p. 15 ; L. Van Hoene/STONE : p. 2

Institut culturel et éducatif montagnais : p. 18

Megapress/Réflexion : Tessier : p. 32 (bas, gauche)

Ministère des Ressources naturelles : p. 33 (haut)

Musée des Augustines de l'Hôtel-Dieu de Québec : p. 102 (bas, gauche)

Photothèque du Jardin botanique de Montréal : p. 34 (centre, droite)

Publiphoto : P.G. Adams : p. 34 (centre, gauche) ; C. Rodriguez : p. 33 (bas, gauche) ; Schell et Gagnon : p. 32 (haut)

Pages 26 et 27

Alpha-Presse : P. Baeza : F ; D. Huot : G

Archives de la Presse canadienne : B, E

Photothèque du Jardin botanique de Montréal : A, D

Megapress/Réflexion : Tessier : C

DOSSIER 1 (p. viii-1)

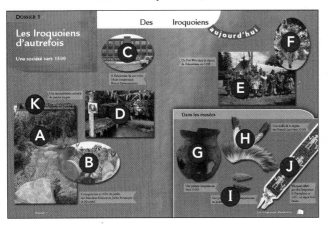

ERPI/PRB: C

Megapress/Réflexion: B. Burch: E

Ministère de la Culture et des Communications, Laboratoire et réserve d'archéologie du Québec: G, I

Photothèque du Jardin botanique de Montréal: Indiana Marketing: K; Michel Tremblay: A, B

Photothèque du Musée de l'homme à Paris: H (nº 34.33.31), J (nº 78.32.61)

Publiphoto: J.P. Danvoye: F; P. Renault/Explorer: D

DOSSIER 2 (p. 24-25)

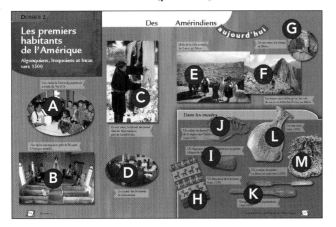

Conseil de bande de Kahnawake: D

Dorling Kindersley Picture Library: M

Megapress/Réflexion: T. Bognar: F, G; A. Gendron: B; Vigneau: E

Ministère de la Culture et des Communications, Laboratoire et réserve d'archéologie du Québec: I

Musée de la civilisation, collection Coverdale: K (nºs 68-28-52 et 68-28-53)

Musée des beaux-arts de Montréal: H, L

Photothèque du Musée de l'homme à Paris: J (nº 78.32.158)

Publiphoto: P. Renault/Explorer: A, C

DOSSIER 3 (p. 54-55)

Bibliothèque nationale du Québec: H

Yves Laframboise: G

Megapress/Réflexion: O. Neill: B, C; T. Philiptchenko: E, F; Y. Tessier: A

Musée des Hospitalières de l'Hôtel-Dieu de Montréal: I, K

Musée des Ursulines de Trois-Rivières: J, L

Publiphoto: M. Laszkiewicz: D

DOSSIER 4 (p. 90-91)

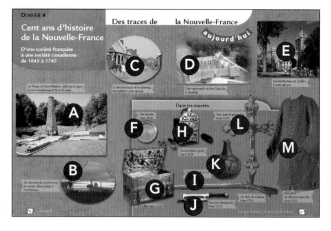

Agence Parcs Canada: I

Archives de la Presse canadienne: B

Jean-Marie Cossette/Point du Jour Aviation: D

Megapress/Réflexion: A. Gagnon: C, S. Naiman: A; Y. Tessier: E

Ministère de la Culture et des Communications, Laboratoire et réserve d'archéologie du Québec: K

Musée d'art de Joliette: Clément Mongeau: L

Musée des Hospitalières de l'Hôtel-Dieu de Montréal: F

Musée Stewart au Fort de l'île Sainte-Hélène, Montréal: G, H, J, M